# Inhaltsverzeichnis

# Vorwort

„Dänemark? – Wo liegt das denn?" „Marokko? – Ist das nicht der Name für einen Wind?", „Thüringen? – Das ist doch eine deutsche Stadt! Oder nicht!?"
„In welche Richtung muss man fahren, wenn man nach Köln möchte? – Wie weit ist es bis Köln und wie lange dauert die Fahrt?", fragte ein Zwölfjähriger, als er von Düsseldorf aus zu einem Fußballspiel nach Köln wollte.
„Wir wollen bei unserer Klassenfahrt zum Gardasee", erzählte eine Schülerin ihren Eltern. Auf die Frage, ob sie denn wisse, wo der Gardasee läge, antwortete sie: „Irgendwo in Süddeutschland."

So oder so ähnlich zeigen Schülerinnen und Schüler ihre Unwissenheit bei geografischen Fragen. Diese Beispiele sollen illustrieren, wie wenig geografische Kenntnisse bei vielen unserer jungen Leute heutzutage anzutreffen sind.
Trotz Internet, Smartphone oder Tablet (oder vielleicht gerade wegen) scheinen geografische Kenntnisse für viele Kinder offensichtlich ein „Buch mit sieben Siegeln" zu sein.

Sich auf einer Landkarte zu orientieren, einen geografischen Ort im Atlas zu finden, eine Karte richtig zu lesen, die Himmelsrichtung exakt bestimmen oder den Maßstab einer Karte verstehen zu können, ein gewisses Grundwissen über die Erdteile, Ozeane, großen Landschaften, Staaten … zu haben, ist bei vielen Menschen, vor allem bei der jüngeren Generation, kaum noch vorhanden.
Es würde an dieser Stelle zu weit führen, über die Ursachen dieser Defizite zu spekulieren bzw. eine intensive Ursachenanalyse zu betreiben. Fest steht, dass es hier einen erheblichen Nachholbedarf gibt.

Das vorliegende Unterrichtsmaterial soll dabei helfen, sich ein gewisses Grundwissen bzw. die Anwendung verschiedener geografischer Grundlagen und Orientierungshilfen anzueignen. Dabei können die hier vorgestellten Themen unabhängig vom gerade aktuellen Unterricht immer wieder zum Gegenstand in einer Geografie-Stunde oder im Vertretungsunterricht gemacht werden.
Selbstverständlich wären auch andere Themenschwerpunkte möglich gewesen. Obwohl der Aufbau dieses Bandes teilweise identisch ist mit dem des 2. Bandes*, werden dort einige Themen intensiver dargestellt.

Wichtig ist die Atlasarbeit. Daher beziehen sich auch immer wieder Aufgaben in diesem Heft auf dieses unverzichtbare Hilfsmittel.

Ihnen und Ihren Schülerinnen und Schülern wünsche ich viel Erfolg bei der Arbeit mit diesem Material.

Ihr Hans-Jürgen van der Gieth

* s. hierzu: van der Gleth, Hans-Jürgen: „Erdkunde Grundwissen – Band 2", BVK Buch Verlag Kempen 2018.

# So lese ich eine geografische Karte! (1)

Ja, Kartenlesen will gelernt sein. Nach wie vor kann man sich auf Landkarten am besten orientieren. Um zu erfahren, wo sich eine Stadt, ein Fluss, ein Berg, eine Landschaft … befinden, kann eine geografische Karte Auskunft geben. So gibt es für viele einzelne Bereiche geografische Karten.

INFO-BOX

**Legende**

Um eine geografische Karte richtig lesen und verstehen zu können, hilft die Legende. Sie ist auf einer Karte meist in einer Ecke angegeben. Die Legende enthält alle Kartenzeichen, Farben und Schriften, die in der Karte verwendet werden. So ist unter anderem der Maßstab angegeben, Punkte für Städte (meist in unterschiedlicher Größe, je nach der Größe der jeweiligen Stadt), Grenzen (z. B. die Staatsgrenze zwischen verschiedenen Staaten), Straßen, Flüsse, Eisenbahnlinien. Je nach Art der Karte werden auch Höhenangaben sowie Angaben über die Art des Bodens und ihre Nutzung (z. B. Wald, Heide, Wiese, Ackerland …) gemacht.

## Legende

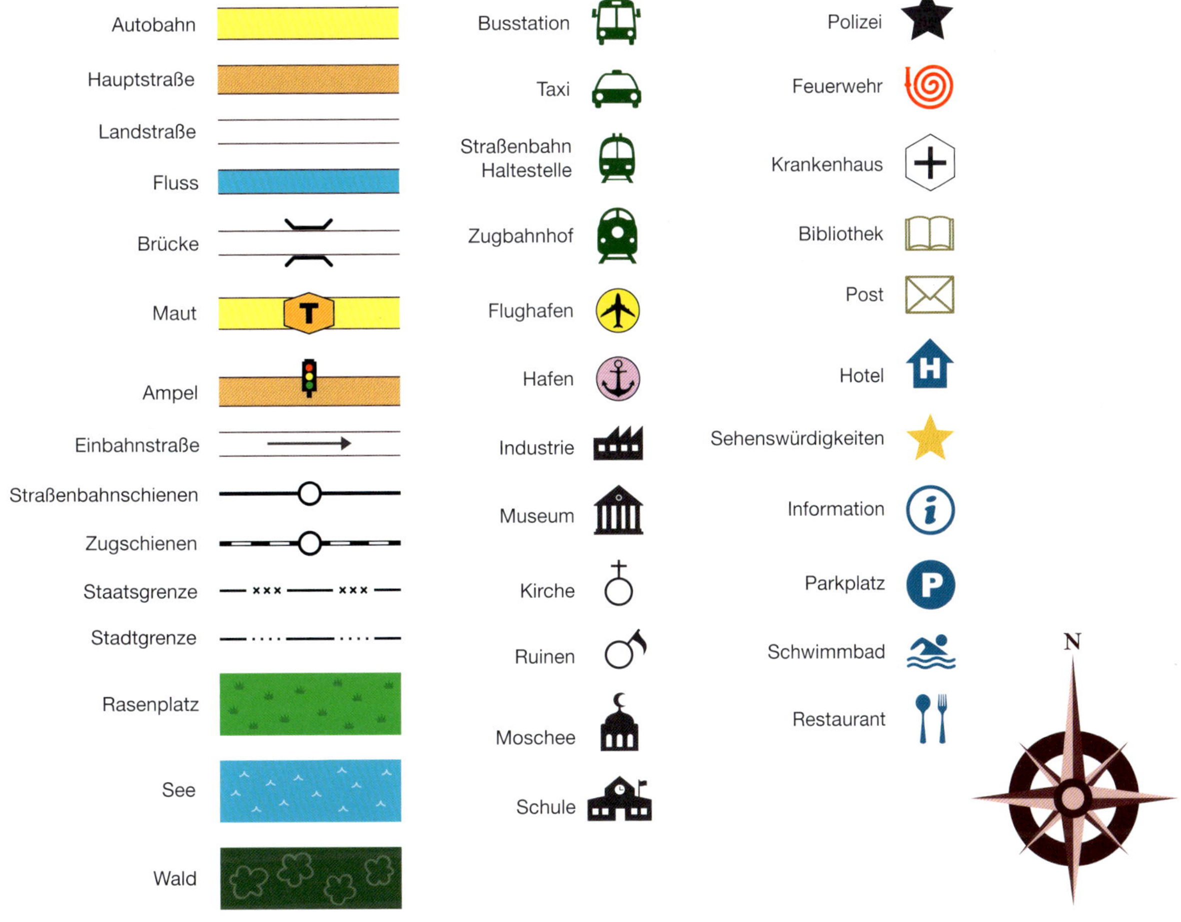


**Aufgabe:**

Schaue dir verschiedene Karten im Atlas an. Entscheide, um welche Art von Karte es sich handelt. „Lies" die Legende und suche die Angaben der Legende in der Karte.

ERDKUNDE

# So lese ich eine geografische Karte! (2)

| | Atlasseite | Angaben für das Planquadrat (Suchgitter) | Lage (z. B. Staat, Erdteil ...) |
|---|---|---|---|
| Berlin | | | |
| Hamburg | | | |
| München | | | |
| Köln | | | |
| Bamberg | | | |
| Lüneburg | | | |
| Brüssel | | | |
| Madrid | | | |
| New York City | | | |
| Melbourne | | | |
| Tokio | | | |
| Zugspitze | | | |
| Feldberg | | | |
| Mont Blanc | | | |
| Mount Everest | | | |
| Kilimandscharo | | | |
| Bodensee | | | |
| Victoriasee | | | |
| Genfer See | | | |
| Niagarafälle | | | |
| Kalahari-Wüste | | | |
| Sahara | | | |

**Aufgabe:**

Suche die oben angegeben Orte im Register des Atlasses und trage deine Ergebnisse in die Tabelle ein.

# Wie finde ich einen Ort im Atlas?

Ein Atlas ist ein ganz wichtiges Hilfsmittel in der Erdkunde. In ihm sind unzählige Informationen über unsere Erde. Du musst nur wissen, wie du die Informationen finden kannst. Das heißt, du musst den Atlas richtig „lesen“ können.

Ein Atlas enthält neben einem Inhaltsverzeichnis am Anfang und einem Register am Ende den Kartenteil. Dabei werden **physische Karten** und **thematische Karten** unterschieden.
In den physischen Karten erfährt man etwas über die Erdoberfläche, z. B. über die Lage eines Ortes, also einer Stadt, eines Berges, einer Landschaft, eines Sees …
Thematische Karten enthalten Informationen über ein bestimmtes – geografisches – Thema: z. B. politische Gliederung mit den Landesgrenzen, das Klima, die Bodenschätze, Verkehrswege und noch vieles mehr.

Um einen bestimmten Ort im Atlas zu finden, kann man das **Register** zu Hilfe nehmen. Dort sucht man nach dem Namen des Ortes. Hinter dem Namen stehen Angaben, auf welcher Atlaskarte (Seitenzahl) genau der gesuchte Ort zu finden ist. Zum Beispiel: Köln 44/45 D 4. Das bedeutet, auf den Seiten 44/45 ist die Stadt Köln zu finden, und zwar in dem Planquadrat D 4.
Die Karten sind waagerecht und senkrecht in Planquadrate eingeteilt. Am Rand der Karte stehen die entsprechenden Buchstaben und Nummern. Suche ich nun das Quadrat D 4, ist dort die von mir gesuchte Stadt Köln.

POLITISCHE KARTE

PHYSISCHE KARTE

# Der Maßstab

Auf geografischen Karten findet man – oft unten auf der Karte – die sogenannte Maßstabsangabe. Dort steht dann z. B. zu lesen 1 : 50 000 oder 1 : 1 000 000, also 1 zu 50 Tausend oder 1 zu 1 Million. Diese Maßstabsangabe zeigt an, in welchem Verhältnis die Angabe auf der Karte zur Wirklichkeit (in der Natur) steht. Ein Maßstab auf Landkarten beschreibt die Entfernungen im Vergleich zum Original. Wenn also der Maßstab 1 : 50 000 ist, dann entspricht ein Zentimeter auf der Landkarte 50 000 Zentimetern (oder 500 Meter) im Original (in der Wirklichkeit, also in der Natur). Dabei werden zwei Zahlen angegeben, die durch einen Doppelpunkt getrennt stehen: z. B. 1 : 50 000. Das heißt, 1 Zentimeter auf der Karte sind in der Wirklichkeit 50 000 Zentimeter bzw. 500 Meter. Ein Maßstab von 1 : 100 000 bedeutet: 1 Zentimeter auf der Karte sind 1 000 Meter (oder 1 Kilometer) in der Wirklichkeit. Ein Maßstab von 1 : 1 000 000 (eins zu einer Million) heißt: 1 Zentimeter auf der Karte sind 1 000 000 Zentimeter (oder 10 000 Meter bzw. 10 Kilometer)

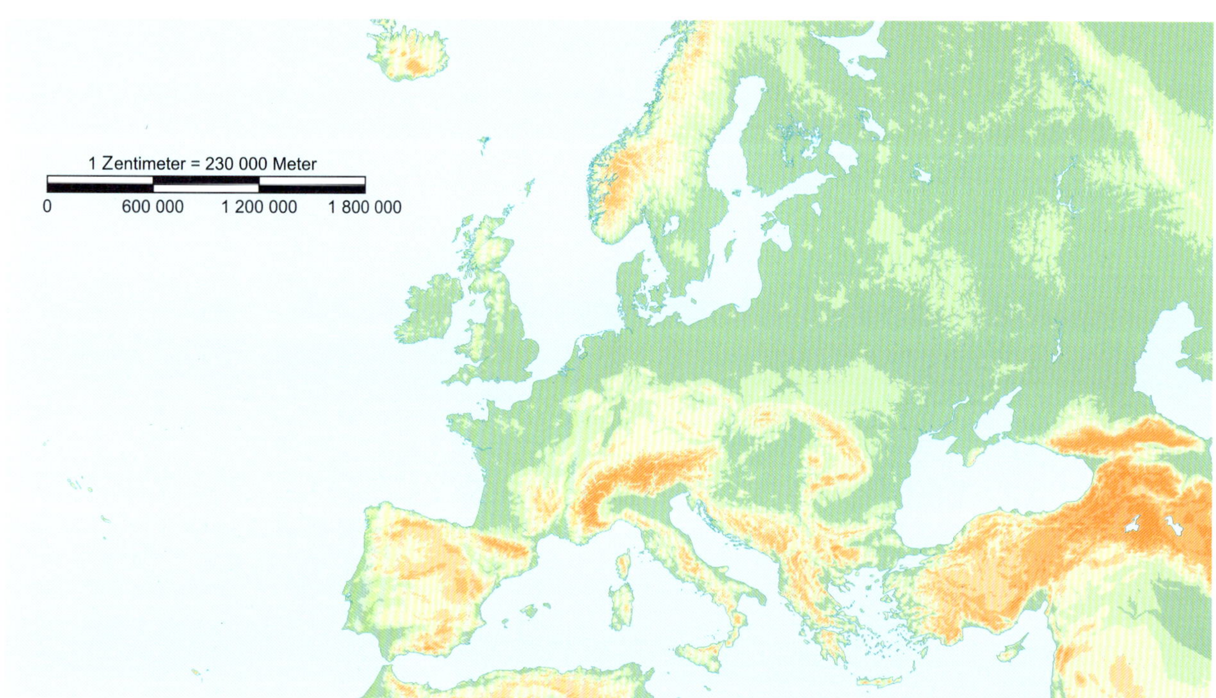


**Aufgabe:**

Arbeite mit dem Atlas.

Rechne folgende Maßstäbe um:

1. Bei einem Maßstab von 1 : 100 sind 1 cm auf der Karte in Wirklichkeit __________ cm.
2. Bei einem Maßstab von 1 : 100 sind 5 cm auf der Karte in Wirklichkeit __________ cm.
3. Bei einem Maßstab von 1 : 1 000 sind 5 cm auf der Karte in Wirklichkeit __________ cm.
4. Bei einem Maßstab von 1 : 10 000 sind 5 cm auf der Karte in Wirklichkeit __________ cm.
5. Bei einem Maßstab von 1 : 50 000 sind 5 cm auf der Karte in Wirklichkeit __________ cm.

3\. Bei einem Maßstab von 1 : 100 000 sind 5 cm auf der Karte in Wirklichkeit __________ cm.

# Die Höhenmessung

Auf sogenannten topografischen Karten werden die Geländeformen sowie andere Details der Erdoberfläche gezeigt. So auch die Erhebungen in einer Landschaft, also die Berge, die Gebirge. Dabei werden die Höhen mit Hilfe sogenannter Höhenlinien dargestellt. Bei einem Berg unterscheiden wir den Bergfuß (er liegt am unteren Ende eines Berges), den Flachhang und den Steilhang sowie den Gipfel (also die Spitze des Berges). Auf der Karte wird meist der Berggipfel besonders gekennzeichnet.

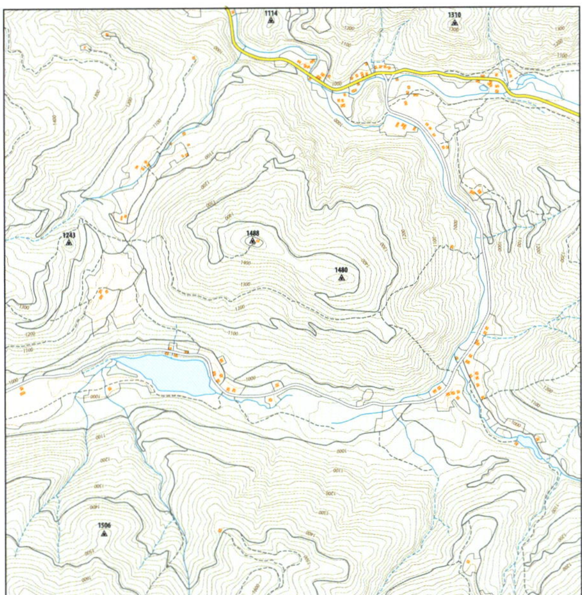

Höhenangaben werden auf diesen Karten durch Höhenlinien dargestellt. Innerhalb der Höhenlinien befinden sich meist Angaben über die konkrete Höhe (z. B. 200 – das bedeutet: 200 Meter Höhe). Die einzelne Höhenlinie wird dabei von einem Kreuz unterbrochen. Es zeigt an, dass sich diese Linie auf der gleichen Höhe (in diesem Fall auf 200 Meter Höhe) befindet.

Ebenfalls kann man an den Farben auf der Karte die Höhe eines Geländes ablesen; je dunkler (brauner), desto höher. Die Höhenangaben beziehen sich immer auf die sogenannte Meereshöhe. Man bezeichnet dies auch als Normalnull (NN) oder auch Normalhöhennull. Allerdings ist dieses Maß nicht einheitlich. Beispielsweise weicht die Meereshöhe an der Nordsee von der des Mittelmeeres ab.
Für alle europäischen Länder gilt der sogenannte Amsterdamer Pegel. Von ihm aus werden alle in Europa zu vermessenden Höhen bestimmt.

**Beachte:** Die Bedeutung der Farben der verschiedenen Höhenschichten ist von Karte zu Karte unterschiedlich und wird in der Legende erklärt.

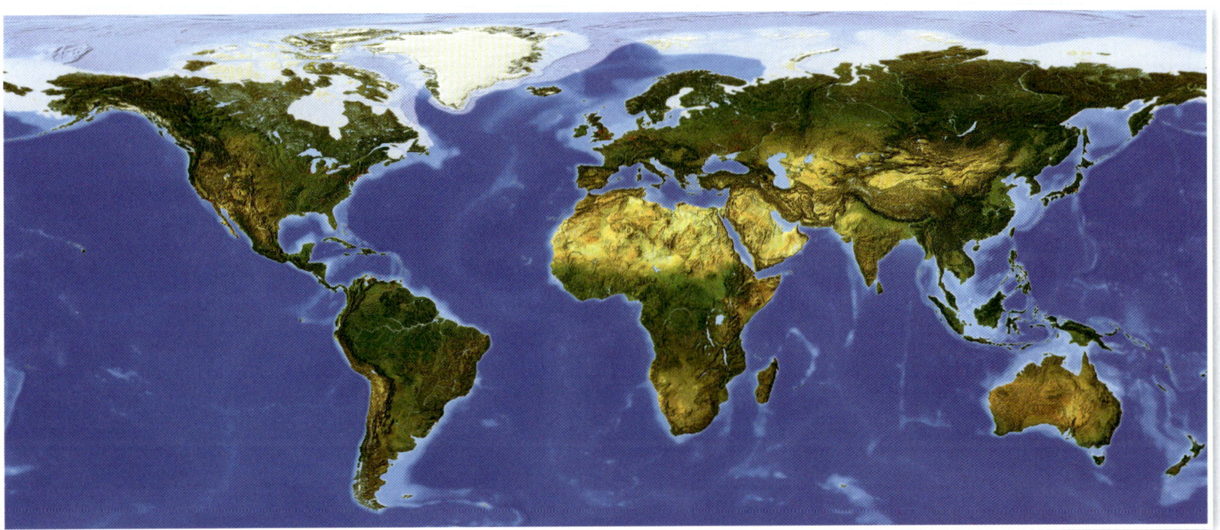

**Aufgabe:**

Wähle eine physikalische Karte in deinem Atlas aus und beschreibe die Höhenangaben, die du aus der Karte ermitteln kannst.

# So bestimme ich die Himmelsrichtung! (1)

Die Himmelsrichtungen sind auf einer sogenannten Windrose (sie wird auch Kompassrose genannt) dargestellt. Danach gibt es die vier Haupt-Himmelsrichtungen: Norden – Osten – Süden – Westen.

Es gibt einen Spruch, der dir hilft, tagsüber die ungefähre Himmelsrichtung zu bestimmen:

*„Im Osten geht die Sonne auf,*
*im Süden nimmt sie ihren Lauf,*
*im Westen wird sie untergehen,*
*im Norden ist sie nie zu sehen."*

Wenn du morgens siehst, dass die Sonne aufgeht, weißt du, dass in dieser Richtung Osten ist. Du weißt, dass dort, wo abends die Sonne untergeht und nur noch ganz schwach scheint, die westliche Himmelsrichtung ist. Und danach kannst du auch ungefähr die beiden anderen Himmelsrichtungen, Norden und Süden, bestimmen.

Viel genauer geht es natürlich mit einem Kompass. Der Kompass ist ein rundes Gerät, in dem sich eine Windrose befindet, aus der die Himmelsrichtungen abzulesen sind.

Im Kompass befindet sich eine freidrehende Nadel, die Kompassnadel. Sie hat einen Magneten. Die Nadel dreht sich wegen des erdmagnetischen Feldes auf der Erde und stellt sich in Nord-Süd-Richtung ein. Das eine Ende der Nadel, das meist eingefärbt ist, zeigt dann in Richtung Norden.

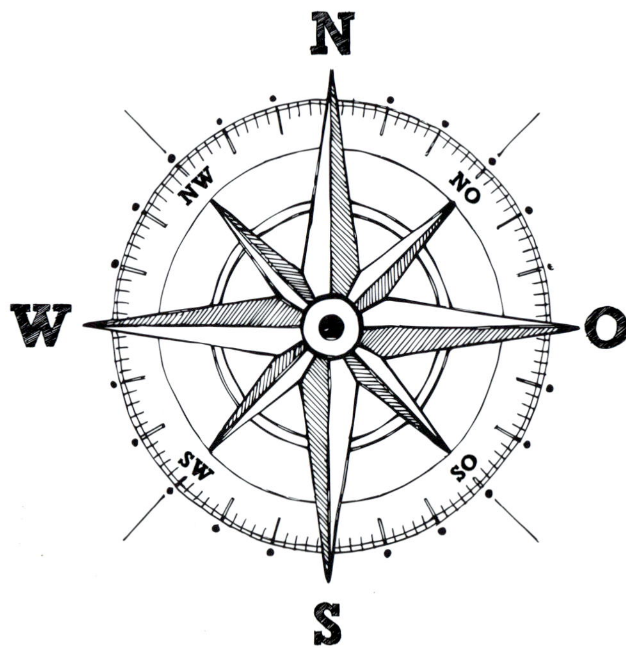


**Aufgaben:**

1. Stelle dich vor die Haustüre deiner Wohnung und bestimme mit Hilfe eines Kompasses die Himmelsrichtungen. Beschreibe, was sich in welcher Himmelsrichtung befindet.
2. Bestimme von zu Hause aus die Himmelsrichtung, in der deine Schule liegt.
3. Suche dir ein Ziel in deiner Umgebung aus und bestimme von deiner Wohnung aus die Himmelsrichtung.
4. Stelle dich auf den Schulhof und bestimme anhand der Himmelsrichtungen, was sich in welcher Himmelsrichtung befindet.

# So bestimme ich die Himmelsrichtung! (2)

## Aufgaben:

1. Du befindest dich in Berlin. In welcher Himmelsrichtung befindet sich München? Arbeite mit dem Atlas ____________________
2. Bestimme die Himmelsrichtungen (arbeite mit dem Atlas):

   Stuttgart – Frankfurt: ____________________

   Köln – Erfurt: ____________________

   Bremen – Dresden: ____________________

   Freiburg – München: ____________________

   Rostock – Schwerin: ____________________

# Das Gradnetz

Die Erde ist – fast – eine Kugel. An den Polen im Norden und Süden ist sie etwas abgeflacht. Häufig wird die Erde als Ganzes durch einen sogenannten Globus dargestellt. Der Globus ist also eine verkleinerte Darstellung der Erde.

Um den Globus wurde ein erdachtes Netz aus Längen- und Breitengraden gelegt. Dieses Netz nennt man Gradnetz. In der Mitte durch das Gradnetz verläuft eine waagerechte Linie, der Äquator. Er teilt die Erde in eine nördliche und eine südliche Halbkugel. Der Äquator ist 40 076 Kilometer und 600 Meter lang. Vom Äquator aus laufen 90 Breitengrade nach Norden bis zum Nordpol und 90 Breitengrade nach Süden bis zum Südpol. Insgesamt sind es also 180 Breitengrade, die um den Globus laufen.

Die Längengrade ziehen sich von Pol zu Pol senkrecht zu den Breitengraden über den Globus. Sie kreuzen sich alle im Nord- und Südpol. Durch eine alte Sternwarte in Greenwich, einem kleinen Vorort von London, verläuft der Längengrad 0. Er heißt Null-Meridian. Von dort aus verlaufen insgesamt 360 Längengrade um den Globus, und zwar zählt man je 180° nach Osten (0° bis 180° östliche Länge) und nach Westen (0° bis 180° westliche Länge). Auf der gegenüberliegenden Seite des Null-Meridians von Greenwich, also bei 180°, befindet sich die sogenannte Datumsgrenze.

Die Meridiane sind rund 20 000 Kilometer lang. Der Name Meridian bedeutet „Mittagslinie". Das bedeutet, dass alle Orte, die auf demselben Meridian liegen, zur gleichen Zeit Mittag haben. Allerdings nimmt der Abstand zwischen zwei Längenkreisen mit wachsender Breite ab, da sie ja am Pol zusammenlaufen. Am Äquator ist der Abstand mit ca. 111 Kilometern am größten. An den Polen geht er gegen Null.

Längen- und Breitengrade bilden das Gradnetz der Erde. Mit seiner Hilfe können alle Orte auf der Erde leicht gefunden werden. Allerdings ist das Gradnetz an sich natürlich noch viel zu grob, um einen ganz konkreten Ort auf dem Globus zu finden. Daher werden konkrete Angaben über einen Ort in Grad, Minuten und Sekunden gemacht. Dabei entsprechen 60 Minuten 1 Grad und 1 Minute 60 Sekunden. Die Gradangaben werden, wie wir bereits gesehen haben, mit einem kleinen Kreis (°) hinter der Zahl gekennzeichnet. Bei den Stundenangaben setzt man einen Strich (') hinter die Zahl und bei der Angabe der Sekunden zwei Striche (")

Ein Beispiel: 8°20'30"N / 15°40'15"W.

Diese Angabe wird folgendermaßen ausgesprochen: 8 Grad, 20 Minuten, 30 Sekunden nördlicher Breite und 15 Grad, 40 Minuten, 15 Sekunden westlicher Länge.

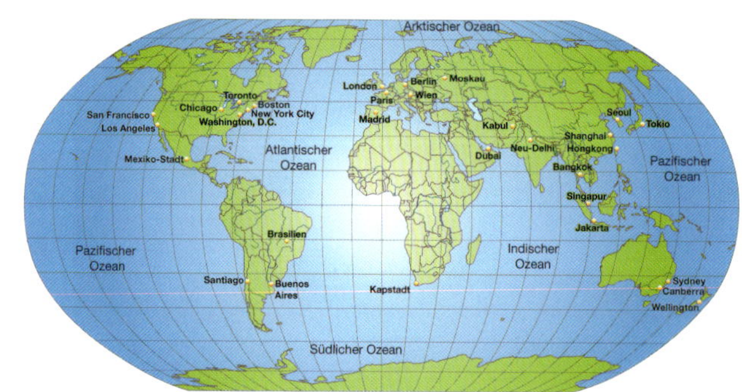


**Aufgabe:**

Arbeite mit dem Atlas und bestimme mit Hilfe der Längen- und Breitengrade die Lage der folgenden geografischen Orte:

Berlin • Kieler Bucht • Paris • San Marino • Zypern • Malta • Island • San Francisco • Rocky Mountains • Lima • Anden • Tokio • Mündung des Ganges • Kairo • Kiew • Uralgebirge

# Die Erde (1)

Die Erde ist eine Kugel. Im Altertum nahmen die Menschen an, dass die Erde eine Scheibe sei, um die sich die Himmelskörper drehten. Obwohl schon griechische Philosophen erkannten, dass die Erde eine Kugel ist, hielt man an dem sogenannten „geozentrischen Weltbild“ fest. Geozentrisches Weltbild bedeutet, dass die Erde als Mittelpunkt angesehen wird.
Erst durch Kopernikus (1473 – 1543) wurde das geozentrische vom heliozentrischen Weltbild abgelöst. Das bedeutet, dass die Sonne (= helios) als Zentrum angesehen wurde.

Schlaue Forscher – wie der italienische Gelehrte Galileo Galilei, der verkündete, dass es sich bei der Form der Erde um eine Kugel handelt – wurden dafür bestraft und ins Gefängnis gesteckt.

SEGELSCHIFF

SONNE AM HORIZONT

**Der Horizont**

Von einer Anhöhe oder von einem Berg aus haben wir einen weiten Blick über unsere Umgebung. Es sieht so aus, als würden sich Himmel und Erde an einer fernen Linie berühren. Diese Linie bildet den Gesichtskreis, auch Horizont genannt.
Über dem Horizont wölbt sich scheinbar eine große Halbkugel, das Himmelsgewölbe. Dabei befinden wir uns im Mittelpunkt des Gewölbes. Diesen Punkt nennt man Scheitelpunkt oder Zenit.

HORIZONT

Wenn man die Erde darstellen will, wählt man die Form einer Kugel. Dabei ist sie nicht ganz kugelförmig, denn an den Polen ist sie etwas abgeflacht. Richtiger wäre zu sagen, dass die Erde die Form einer Ellipse hat.
Insgesamt beträgt die Oberfläche der Erde 510 100 000 Quadratkilometer. Davon sind zwei Drittel mit Wasser und nur rund ein Drittel mit Land bedeckt.

ERDKUGEL

**Aufgabe:**

Fülle den „Steckbrief“ (S. 12) zur Erde aus. Informiere dich im Atlas, in einem Lexikon oder im Internet über die Erde und trage ein, was du herausgefunden hast.

# Die Erde (2)

## STECKBRIEF

Größe:

Alter:

Gewicht:

Erdschichten:

„Zusammensetzung" der Erde (z. B. Land / Wasser):

Wissenswertes:

# Die Erde (3)

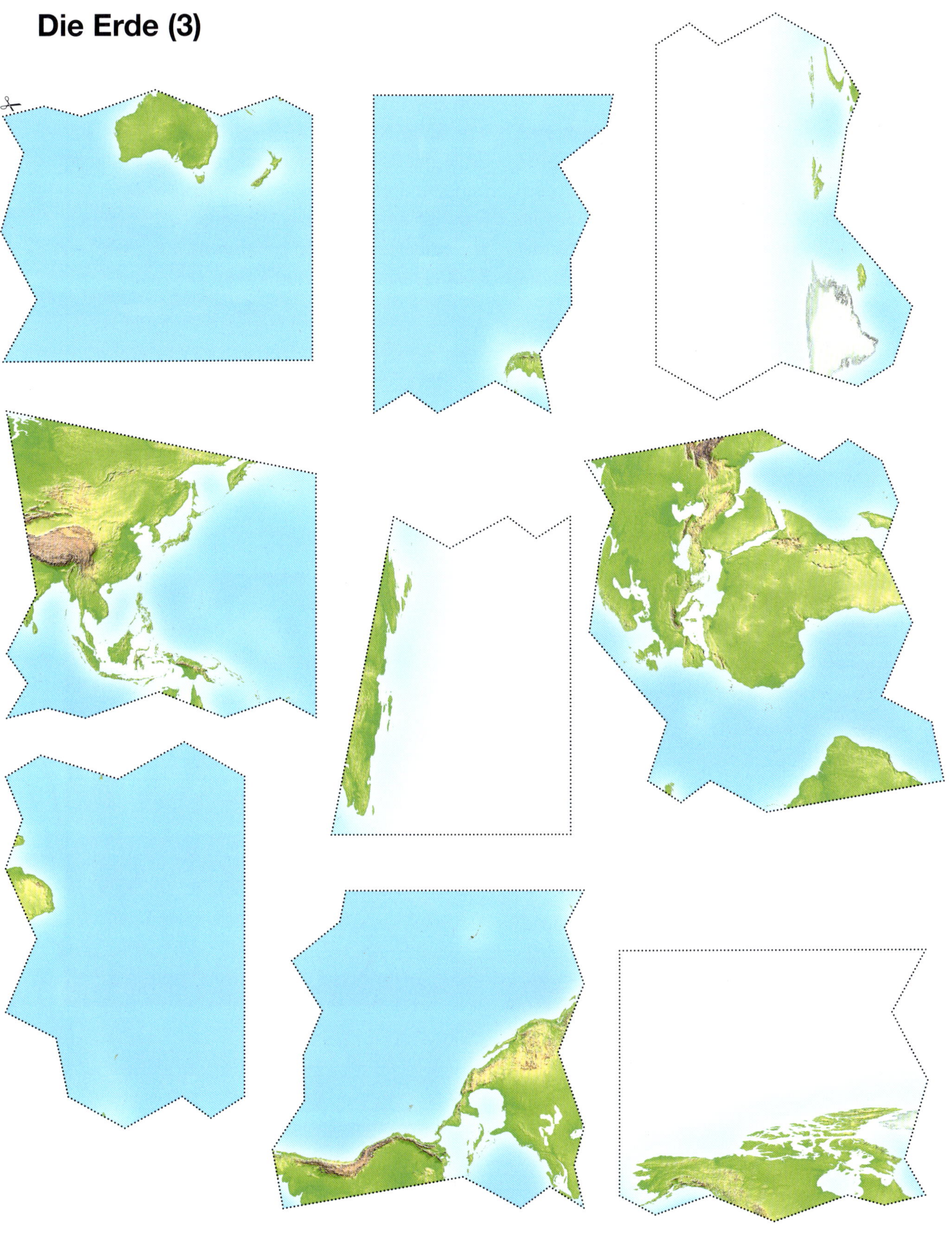

**Aufgabe:**

Leider ist die Weltkarte zerrissen worden. Schneide die einzelnen Teile aus und setze sie wieder zusammen.

# Die Erde (4)

**Der Aufbau der Erde**
Die Erde ist schalenförmig, also in mehreren Schalen aufgebaut. So besteht unsere Erde aus der Erdkruste, dem Erdmantel und dem Erdkern. Wir leben auf der Erdkruste. Sie ist ungefähr 10 bis 70 Kilometer dick und ständig in Bewegung. Unter der Erdkruste befindet sich der Erdmantel. Er reicht bis in eine Tiefe von etwa 3 000 Kilometern. Dort beginnt der Erdkern. Dabei ist der äußere Erdkern flüssig und der innere Erdkern fest. Im Inneren der Erde ist es sehr heiß. Wissenschaftler geben an, dass dort Temperaturen von bis zu 5 000 Grad Celsius herrschen.

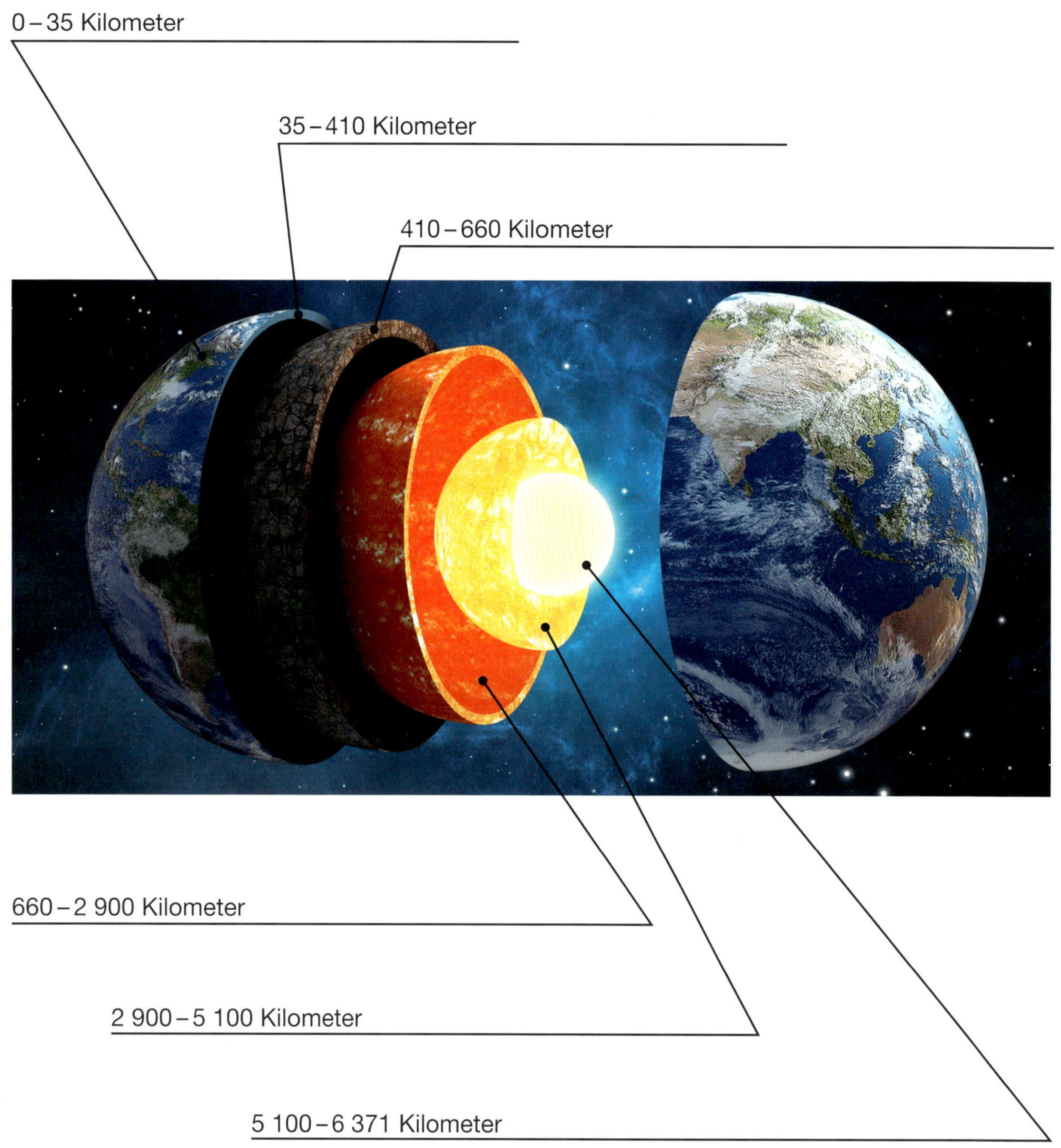


**Aufgabe:**

Informiere dich (z. B. im Internet) und schreibe die „richtige“ Bezeichnungen der einzelnen Erdschichten auf die Linien.

# Das Sonnensystem (1)

Die Erde ist ein **Planet** innerhalb unseres **Sonnensystems.** Dabei ist die Sonne ein gasförmiger Körper, der selbstleuchtend ist. Unser Sonnensystem besteht aus einer Sonne, acht Planeten und deren Monden. Hinzu kommen noch Zwergplaneten und Millionen Kleinkörper, wozu z. B. Asteroiden und Kometen gehören.

Die Namen der Planeten lauten: **Merkur, Venus, Erde, Mars, Jupiter, Saturn, Uranus** und **Neptun.**

Es gibt einen Satz, mit dem man sich die Namen der Planeten besser merken kann:
„**M**ein **V**ater **e**rklärt **m**ir **j**eden **S**onntag **u**nseren **N**achthimmel.“

Die acht Planeten sind alle unterschiedlich groß und auch unterschiedlich weit von der Sonne entfernt. Alle ziehen in einer bestimmten Bahn um die Sonne.
Der Abstand der Erde zur Sonne beträgt 149,6 Millionen Kilometer. Wie wir alle wissen, braucht die Erde 365 Tage, also ein Jahr, für einen Umlauf um die Sonne. Dabei rast sie mit einer Geschwindigkeit von rund 108 000 Kilometern pro Stunde durch das Weltall. Eine Drehung der Erde um ihre eigene Achse dauert 24 Stunden, also einen Tag.
Der Mond umkreist die Erde in ungefähr 28 Tagen. Ein Viertel dieser Tage, also sieben Tage, werden zu einer Woche zusammengefasst. Da die Römer und Germanen die einzelnen Tage nach ihren Göttern benannten, haben wir heute noch Bezeichnungen für die einzelnen Wochentage, die an diese Götter erinnern:
zum Beispiel **Donnerstag** (Tag des Donar, germanischer Gott des Donners),

**Freitag** (Tag der Freya, germanische Göttin der Liebe und der Ehe) oder **Saturday** (bei den Engländern Tag des Saturn für Samstag, römischer Gott der Aussaat).

Das **Sonnenjahr** mit 365 Tagen war den Ägyptern bereits vor 2 000 Jahren bekannt.
**Julius Cäsar** (100 – 44 v. Chr.) führte es zu seiner Zeit in Rom ein. Der wirkliche Umlauf der Erde um die Sonne dauert allerdings fast sechs Stunden länger als 365 Tage. Daher bestimmte Cäsar, dass alle vier Jahre ein Tag dazu gerechnet werden sollte. So wurde im römischen Kalender für den Monat Februar (28 Tage) alle vier Jahre ein weiterer Tag (der 29. Februar) eingelegt. Das Jahr, das um einen Tag (nämlich den 29. Februar) verlängert wird, nennt man Schaltjahr.

# Das Sonnensystem (2)

Der von Julius Cäsar eingeführte Kalender wurde **Julianischer Kalender** genannt. Es stellte sich heraus, dass er ungenau war, denn das Jahr war etwas zu lang.
Heute wird nach dem **Gregorianischen Kalender** gerechnet. Dieser Kalender wurde 1582 durch die Kalenderreform von Papst Gregor XIII. eingeführt. Es gibt ein besonderes Merkmal dieses Kalenders. Und zwar wird das Osterfest hierin festgelegt. Im Jahr 325 n. Chr. wurde auf dem Konzil (Versammlung hoher katholischer Geistlicher) von Nicäa bestimmt, dass der Ostersonntag immer am ersten Sonntag nach dem ersten Vollmond nach Frühlingsanfang sein sollte. Danach kann der früheste Ostertermin der 22. März und der späteste der 25. April sein.

Ausgangspunkt für die Zeitmessung und Zeitrechnung ist die scheinbare tägliche Bewegung der Sonne. So haben alle Orte, die auf dem gleichen Längengrad liegen, die gleiche Sonnenzeit. Sie haben zur gleichen Zeit Mittag, also auch die gleiche Ortszeit.
In Staaten mit großer Ost-West-Ausdehnung (also einer Ausbreitung in die Breite), wie z. B. in den USA oder in Russland, gibt es mehrere Zeitzonen.
Bei einer Reise um die Erde treffen wir auf die Datumsgrenze. Sie liegt im Pazifischen Ozean bei 180°. Von dieser Datumsgrenze aus nach Westen wird daher ein Tag übersprungen, nach Osten hin ein Tag zwei Mal gezählt.

## Zeitzonen

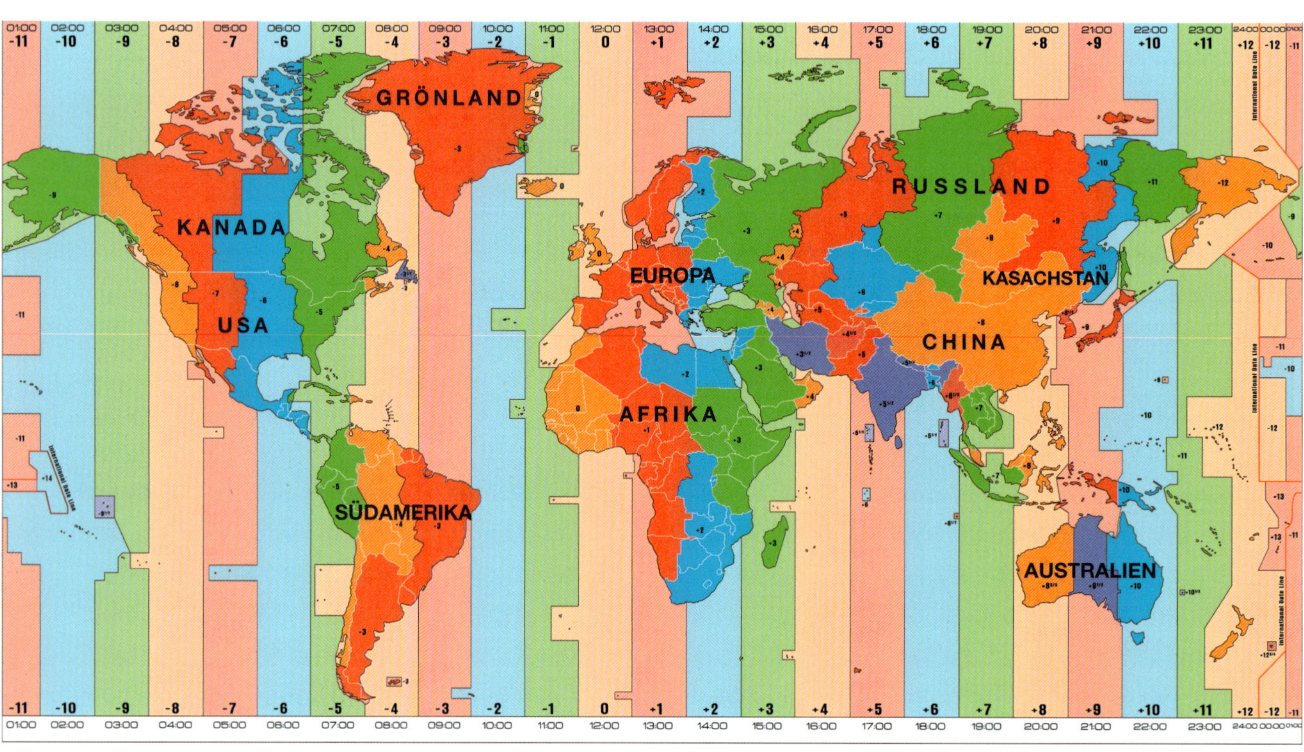

# Das Sonnensystem (3)

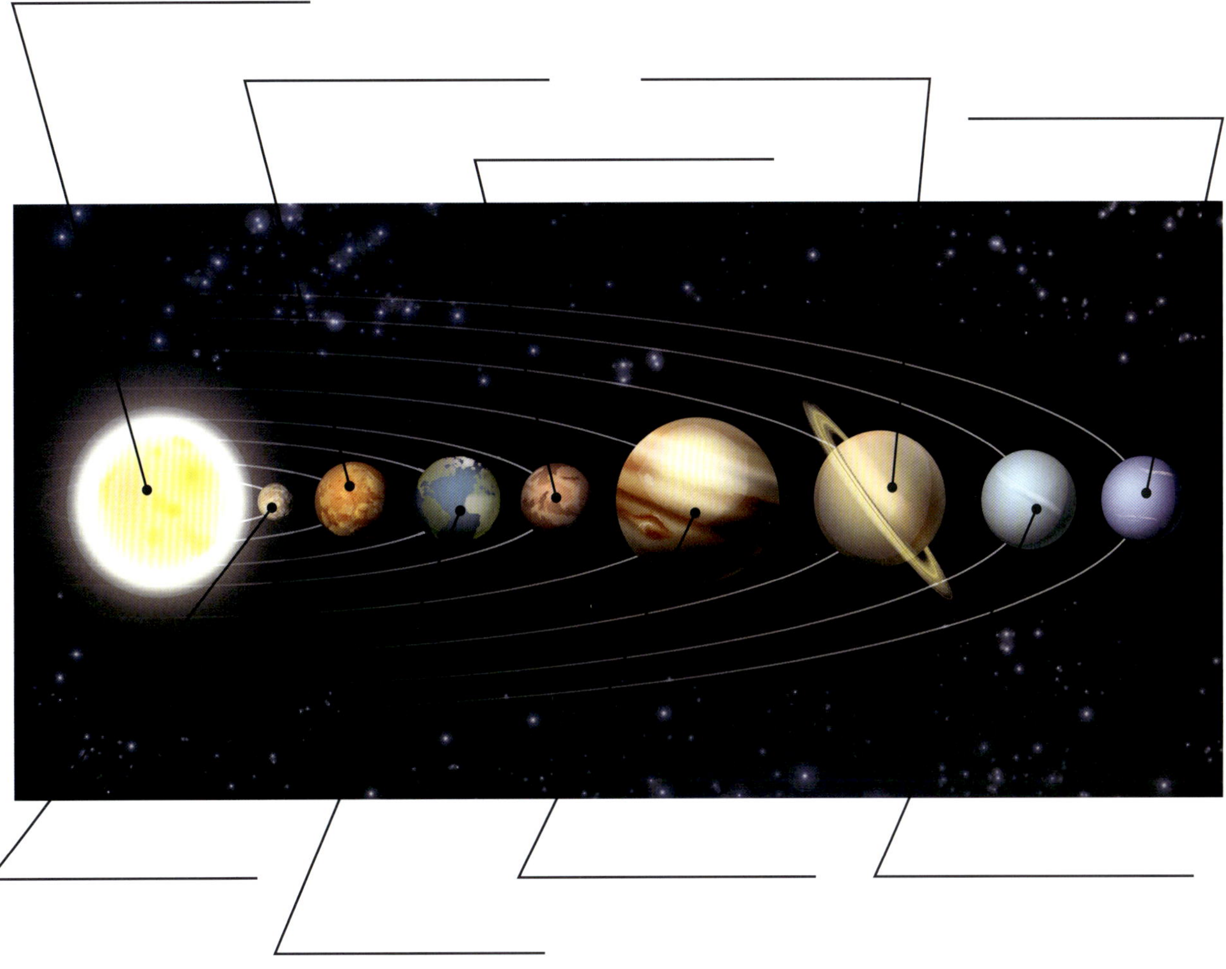

**Aufgaben:**

1. Beantworte die folgenden Fragen. Schreibe auf ein Blatt.
   - Woraus besteht unser Sonnensystem?
   - Wie lauten die Namen der Planeten unseres Sonnensystems?
   - Wie groß ist der Abstand zwischen Sonne und Erde?
   - Wie lange braucht die Erde für einen Umlauf um die Sonne?
   - Wie schnell ist die Erde dabei unterwegs?
   - In welcher Zeit umkreist der Mond die Erde?
   - Wer bestimmte, dass alle vier Jahre das Jahr um einen Tag verlängert wird?
   - Wann ist dieser Tag?
   - Wer führte den Julianischen Kalender ein?
   - Wann wurde der Gregorianische Kalender eingeführt?
   - Wann soll nach dem Konzil von Nicäa Ostersonntag sein?
2. Fertige ein Bild an, das zeigt, wie du dir das Weltall vorstellst. Darin sollen selbstverständlich die Sonne, die Erde und die anderen Planeten vorkommen.

# Die Kontinente (1)

Kreuzfahrten sind so richtig in Mode gekommen. Menschen verbringen ihren Urlaub auf einem Kreuzfahrtschiff und besuchen so mehrere Ziele auf der Erde. Mit einigen dieser Schiffe kann man die großen Meere, man nennt sie auch Ozeane, befahren. Aber man befährt nicht nur die großen Meere, oft besuchen die Urlauber mit ihrem Schiff auch einen neuen Erdteil. Sie verlassen Europa und besuchen z. B. Amerika oder Asien.

**Die Erdteile**

Erdteile werden auch Kontinente genannt. Es sind zusammenhängende große Landgebiete. Es gibt verschiedene Angaben, wie viele Erdteile es auf der Erde gibt. Manche sprechen von fünf, andere von sechs, sieben oder sogar acht Erdteilen.

Üblich ist, dass man von sechs Erdteilen spricht, und zwar

- Afrika
- Nordamerika
- Südamerika
- Asien
- Australien
- Europa

Manchmal wird diese Liste durch die Antarktis erweitert.

Die Arktis ist kein Erdteil, da es sich hierbei nicht um eine Landmasse handelt. Die Arktis ist ein Gewässergebiet.

**Aufgabe:**

Trage die sechs bzw. sieben Erdteile in die Karte (S. 19) ein.

# Die Kontinente (2)

# Die Weltmeere

Zwei Drittel der gesamten Erde sind von Wasser bedeckt. Einen großen Teil davon machen die Ozeane aus. Durch größere Landmassen, die aus dem Meer aufragen, wird das Meer geteilt.

Es gibt drei große **Ozeane:**

- Atlantischer Ozean
- Indischer Ozean
- Pazifischer Ozean (auch Stiller Ozean genannt)

Daneben gibt es noch viele kleinere Meere. Sie haben meistens einen Zugang zu einem der Weltmeere. Manchmal sind sie auch ein Teil eines Weltmeeres. Sie lassen sich nach Mittelmeeren und Randmeeren unterscheiden. Zu den kleineren Meeren gehören:

**Mittelmeere:**
Arktisches Meer
Australasiatisches Mittelmeer
Amerikanisches Mittelmeer
Europäisches Mittelmeer
Hudson-Bay
Rotes Meer
Persischer Golf

**Randmeere:**
Beringsee
Ochotskisches Meer
Ostchinesisches Meer
Japanisches Meer
Nordsee
Ostsee

**Aufgabe:**

Trage die drei großen Meere (Ozeane) und mindestens drei kleinere Mittelmeere oder Randmeere in die Karte (auf S. 19) ein.

# Großlandschaften der Erde (1)

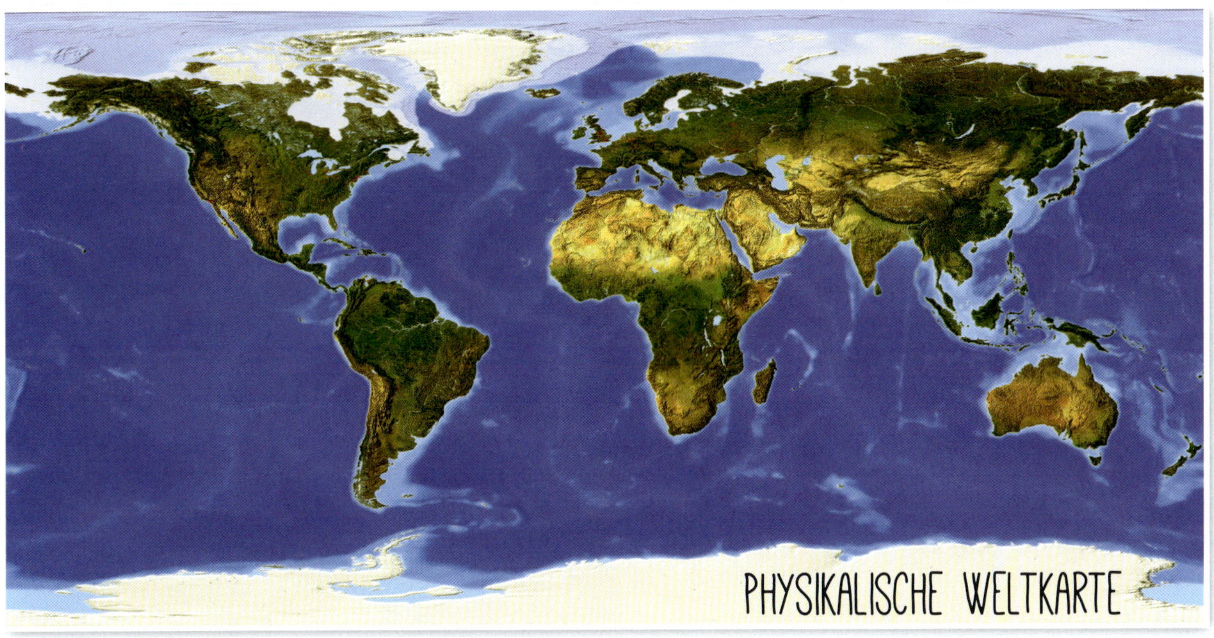


Schaut man auf eine physikalische Karte der Erde, stellt man fest, dass der größte Teil mit Wasser bedeckt ist. Tatsächlich ist die Erdoberfläche zu etwa zwei Drittel mit Wasser und nur zu einem Drittel mit Land bedeckt.

Man bezeichnet die Form der Erde, also die Oberflächengestaltung, auch als Relief.

Kräfte aus dem Erdinnern (u. a. Vulkane, Erdbeben) sowie Kräfte von außen (wie Wasser, Wind oder Eis) sorgen dafür, dass sich die Erdoberfläche verändert. Sie verwittert, wird abgetragen (Erosion) oder es lagern sich Stoffe auf ihr ab (Sedimentation).

# Großlandschaften der Erde (2)



Folgende Großlandschaftsformen lassen sich auf unserer Erde unterscheiden:

**Hochgebirge:** über 2 000 m Höhe
**Hochland:** Landschaften ab ca. 1 000 m
**Hochebene:** flache oder leicht hügelige Landschaftsform
**Mittelgebirge:** bis zu 2 000 m (häufig plateauförmig)
**Berg- und Hügelland:** bis ca. 1 000 m (oft Randgebirge)
**Tafelland:** ab 500 m
**Flachland und Tiefland:** niedrig gelegene Landschaft mit geringen Höhenunterschieden
**Tiefebene:** unter 200 m (Küstenebenen und Stromlandschaften)

# Großlandschaften der Erde (3)

**Aufgabe:**

Arbeite mit dem Atlas und trage folgende Großlandschaften in die oben abgebildete Karte ein:
Regenwald • Savanne • Wüste • subtropische Steppe • subtropischen Hartlaubwald • Laub- und Mischwald • biorealer Nadelwald • Tundra

# Klima und Wetter (1)

Wenn von Wetter die Rede ist, meint man damit immer nur die augenblicklichen Verhältnisse. Und das gilt auch nur für ein bestimmtes Gebiet. Wenn das Wetter an mehreren aufeinanderfolgenden Tagen gemeint ist, spricht man von Witterung. Wenn allerdings der Gesamtablauf der Witterungserscheinungen über einen längeren Zeitraum gemeint ist, spricht man vom Klima.

Für das Klima in einem bestimmten geografischen Raum ist vor allem die **Temperatur** entscheidend. Daneben spielen auch der **Luftdruck** und die **Winde,** die **Luftfeuchtigkeit,** die **Bewölkung** und **Niederschläge** eine große Rolle.

**Temperatur**

Sie ist hauptsächlich von der Sonnenstrahlung abhängig. Dabei ist sie ebenso wichtig wie ihr Einfallswinkel auf die Erde. Je steiler die Strahlen einfallen (also je größer der Einfallswinkel ist), desto größer ist die Wärme, die auf die Erde trifft. Je flacher der Einfallswinkel ist, desto geringer ist die Wärme, da sie ja auf eine größere Fläche trifft. Der Einfallswinkel der Sonnenstrahlung ändert sich innerhalb eines Tages und auch zwischen den unterschiedlichen Jahreszeiten.

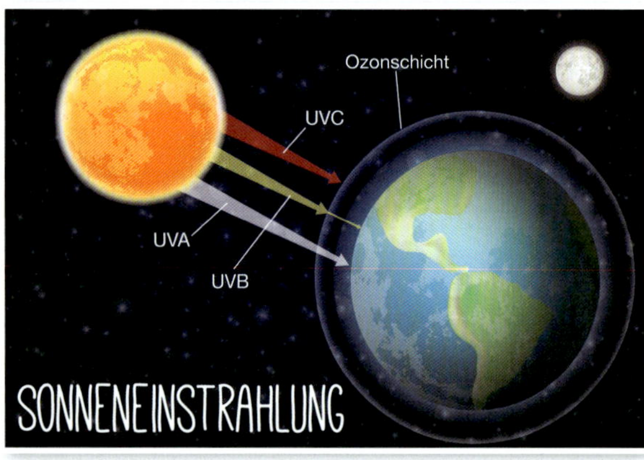


Einfluss auf die Wärme hat auch noch die Entfernung zwischen Sonne und Erde. So ist die Wärmeaufnahme zur Zeit der Sonnennähe höher als bei Sonnenferne. Legen die Sonnenstrahlen einen weiteren Weg zurück (größere Entfernung zwischen Sonne und Erde), verringert sich die Wärme. Je weiter also der Weg zwischen Sonne und Erde ist, umso größer ist die Menge der Strahlung, die von der Lufthülle absorbiert (aufgesaugt) wird.

Ebenfalls von der Atmosphäre abhängig ist die Strahlungsart. Violette und blaue Strahlen werden stark, rote nur gering gestreut. Die roten Strahlen sieht man nach ihrem langen Weg durch die Luftschichten morgens und abends als Morgen- oder Abendrot.

Weiteren Einfluss auf die Wärmeabgabe durch die Sonnenstrahlen hat die Bewölkung: Je mehr Wolken, desto geringer die Wärmeentfaltung. So ist es logisch, dass die Temperaturen bei klarem Himmel größer sind als bei bedecktem. Allerdings ist es nachts bei klarem Himmel kälter als bei bedecktem Himmel.

Da die Meeresströmungen ebenfalls die Temperaturen beeinflussen, sind z. B. die Temperaturunterschiede am Meer längst nicht so groß wie auf dem Festland.

Schließlich hat auch die Beschaffenheit des Bodens Einfluss auf die Temperatur. So wird die Strahlung von hellem oder dunklem Boden, von Schnee oder Gestein verschieden stark absorbiert oder reflektiert (zurückgeworfen). Es gilt, dass auch hier die absorbierte Strahlung die Wärme erhöht. In Gegenden mit Schiefergestein ist es vor allem in Bodennähe wärmer als zum Beispiel in Gegenden mit Sandböden.

# Klima und Wetter (2)

Weiteren Einfluss auf die Temperatur hat die Pflanzenwelt. Wald beispielsweise bietet Schutz gegen kalte Winde. Daher sind in ihm die Temperaturunterschiede geringer als in einer offenen, pflanzenarmen Landschaft.
Auch der Wind hat Einfluss, da warme Winde in kälteren Gebieten zu Temperaturerhöhungen führen können und umgekehrt.

### Niederschläge

Neben der Temperatur sind die Niederschläge die wichtigsten Merkmale des Wetters bzw. des Klimas. Ganz grob lassen sich Regen und Schnee unterscheiden. Misch- und Zwischenformen sind z. B. Hagel oder Graupel.

### Luftdruck und Winde

Luftströmungen in der Atmosphäre bezeichnen wir als Winde. Sie entstehen durch Temperatur- und Druckunterschiede. Wenn in gleicher Höhenlage der gleiche Luftdruck herrscht, ist die Atmosphäre völlig ruhig, also windstill. Je größer jedoch der Unterschied des Luftdrucks ist, umso stärker ist der Wind.
Wie bei der Temperatur kann auch für jeden Ort der Erde der mittlere Luftdruck z. B. eines Monats oder eines Jahres errechnet werden. Die Linien, die Orte gleichen mittleren Luftdrucks verbinden, heißen **Isobaren.**

Es werden verschiedene Arten von Winden unterschieden. So gibt es den **Talwind,** der vom Tal am Hang hinaufgeht, oder den **Bergwind,** der am Hang vom Berg ins Tal hinunterweht. An der Küste gibt es den **Seewind,** der zum Land hin weht. Der **Landwind** weht in Richtung Meer.
Neben diesen kleineren, örtlich auftretenden Winden gibt es große Luftmassenbewegungen. So sind die **Monsune** ein großes Zirkulationssystem. Diese Winde wechseln regelmäßig zu den Jahreszeiten die Richtung.

# Klima und Wetter (3)

Daneben gibt es noch eine Vielzahl von Winden, die örtlich oder durch besondere Umstände entstehen, z. B.:

Bora – Dalmatien, an der Adriaküste
Föhn – Alpengebiet
Mistral – Südfrankreich (an der Rhone)
Schirokko – Mittelmeergebiet
Samum – Nordafrika bzw. Vorderasien
Taifun – China, Korea, Japan
Blizzard – Kanada, USA
Hurrikan – Nordatlantik, Westindien
Tornado – USA
Zyklon – tropische Ozeangebiete

TORNADO

WINDSTÄRKE 11

Die Stärke eines Windes bzw. Sturmes wird in verschiedenen Windstärken gemessen. Das ist also die Geschwindigkeit des Windes in Metern pro Sekunde (m / sec), in Kilometern (km) oder auch in Knoten (1 852 m) pro Stunde.

HURRIKAN

Üblich ist die Einteilung der Windstärke von 0 bis 12:

| | | | |
|---|---|---|---|
| 0 : | < | 1 km / h | = Stille |
| 1 : | 1 – | 5 km / h | = schwacher Wind |
| 2 : | 6 – | 11 km / h | = schwacher Wind |
| 3 : | 12 – | 19 km / h | = schwacher Wind |
| 4 : | 20 – | 28 km / h | = mäßiger Wind |
| 5 : | 29 – | 38 km / h | = frischer Wind |
| 6 : | 39 – | 49 km / h | = starker Wind |
| 7 : | 50 – | 61 km / h | = starker Wind |
| 8 : | 62 – | 74 km / h | = Sturm |
| 9 : | 75 – | 88 km / h | = Sturm |
| 10 : | 89 – | 102 km / h | = schwerer Sturm |
| 11 : | 103 – | 117 km / h | = orkanartiger Sturm |
| 12 : | > | 117 km / h | = Orkan |

STURMSCHÄDEN

# Klima und Wetter (4)

**Klimawandel**

- Gletscherschmelze in den Alpen
- Küsten in Gefahr: Erderwärmung lässt Meeresspiegel steigen
- Bald kein Lebensraum mehr für die Eisbären
- Mehr Hungertote durch längere Trockenzeiten

Solche und ähnliche Schlagzeilen sind in den letzten Jahren immer wieder zu lesen gewesen. Man spricht vom sogenannten Klimawandel oder auch von der Klimakatastrophe. Andere Begriffe wie Klimaänderung, Klimawechsel oder Klimaschwankung bezeichnen ebenfalls diese Entwicklung.

Große Klimaveränderungen hat es in der Geschichte unserer Erde schon immer gegeben. Meist waren dafür z. B. Asteroideneinschläge oder Vulkanausbrüche verantwortlich. Dabei konnten die dadurch verursachten Klimaveränderungen sowohl eine Erwärmung (Warmzeiten) als auch eine Abkühlung (Eiszeiten) bedeuten.

Allgemein geschieht die Veränderung des Klimas durch natürliche Einflüsse (wie die oben genannten) oder durch den Einfluss des Menschen. Die derzeitige Diskussion beschäftigt sich mit den von Menschen gemachten und verursachten Veränderungen unseres Klimas. Hierbei handelt es sich um eine weltweite Erwärmung. Diese Klimaerwärmung lässt das Eis an den Polen oder auf den Gletschern schmelzen, lässt den Meeresspiegel ansteigen, führt zu längeren Trockenzeiten in bestimmten Regionen der Erde, erhöht die Gefahr von extremen Wettern (z. B. vermehrt auftretende Stürme und extreme Regenfälle).

Bereits seit einigen Jahrzehnten ist den Menschen die Klimaveränderung bewusst. Auch die Folgen sind relativ klar. Doch immer noch tun sich viele Menschen schwer damit, dies zu akzeptieren und einzusehen, wie wichtig es ist, etwas gegen den Klimawandel zu unternehmen. Nur so können die Folgen verhindert werden.

**Aufgabe:**

Bildet Gruppen von ca. 4 – 6 Personen. Verschafft euch einen Überblick über das Thema „Klimawandel“. Beschäftigt euch nun intensiv mit einem Themenaspekt (z. B. Überschwemmungsgefahr in Küstenregionen, Aussterben der Eisbären …) und bereitet eine informative Präsentation eurer Arbeitsergebnisse vor. Dabei könnt ihr eine Wandzeitung fertigen, eine Ausstellung gestalten, einen Beamervortrag erstellen, ein Referat halten oder eine andere Idee verwirklichen. Es wäre natürlich am besten und interessantesten, wenn ihr arbeitsteilig vorgeht, d. h., jede Gruppe beschäftigt sich mit einem anderen Thema. Dazu müsstet ihr vorher die einzelnen Themenaspekte sammeln und dann wählen, welche Gruppe welchen Themenaspekt bearbeitet. Lasst euch von der Themenwand auf Seite 28 anregen.

# Klima und Wetter (5)

BVK PA210 • Hans-Jürgen van der Gieth: Erdkunde Grundwissen – Band 1

# Die Staaten der Erde (1)



Es gibt keine einheitliche Angabe darüber, wie viele Staaten es auf der Erde gibt. In der UN (United Nations = Vereinte Nationen – s. hierzu Info-Box „UN“, S. 30) sind 193 Staaten. Hinzu kommen zwei weitere Staaten, die von der UN anerkannt sind: Palästina und Vatikanstadt. Es kommen weitere 11 hinzu, bei denen es umstritten ist, ob es sich hierbei tatsächlich um selbstständige Staaten handelt. Insgesamt liegt die Zahl der Staaten der Erde demnach bei 206.

Eine Einteilung der Staaten erfolgt meist danach, zu welchem Erdteil (s. hierzu S. 18) sie gehören. Oder man nimmt eine Einteilung nach Himmelsrichtungen vor: Staaten des Nordens, des Ostens, des Südens, des Westens.
Manchmal teilt man auch nach Staaten der Nord- und der Südhalbkugel ein.
Allerdings gibt es auch noch andere Möglichkeiten. So lassen sich die Staaten danach einteilen, welche Wirtschaftszweige hauptsächlich vertreten sind. Also ob es sich um eine Industrienation handelt oder eher um einen Staat, in dem die Landwirtschaft vorherrschend ist. Eine solche Einteilung führt dazu, die Staaten nach ihrem Reichtum zu bewerten. Man misst das nach dem sogenannten Bruttosozialprodukt (BSP) (s. hierzu Info-Box „Bruttosozialprodukt“, S. 30).

Man spricht umgangssprachlich von der Unterscheidung zwischen Industrienationen und Entwicklungsländern.

Es ist sehr unterschiedlich, welche Regierungsform herrscht und wer in den einzelnen Staaten regiert. So lassen sich ganz grob **Demokratien** und **Diktaturen** unterscheiden.

In einer **Demokratie** bestimmt das Volk. Es wählt Vertreter – sie heißen in Deutschland Abgeordnete – die dann die Gesetze erlassen und die Politik bestimmen. Zu diesen Staaten gehören z. B. die westlichen Industriestaaten wie die Niederlande, Frankreich oder Kanada.

**Diktatur** bedeutet, dass eine Person oder eine Gruppe (z. B. eine Partei) bestimmt. Eine typische Diktatur ist Nordkorea. Dort herrscht eine Person. Oder es gibt Staaten, in denen nur eine Partei herrscht. Eine typische Parteiendiktatur war die frühere DDR (Deutsche Demokratische Republik). Dort bestimmte die SED (Sozialistische Einheitspartei Deutschlands) alles.

Dann gibt es z. B. noch **Monarchien.** In ihnen herrscht ein Monarch oder eine Monarchin (König, Königin, Kaiser ...). In den meisten heute noch bestehenden Monarchien bestimmt allerdings der Monarch nicht mehr, was in dem Land geschieht. Meistens werden auch hier die Gesetze von einer Volksvertretung, einem Parlament, gemacht. Ein Beispiel hierfür ist das Vereinigte Königreich. Hier gibt es zwei Parlamente (Oberhaus und Unterhaus), in denen die Gesetze gemacht werden. Ausgeführt werden diese von der Regierung mit dem Premierminister oder der Premierministerin an der Spitze. Die Königin hat hauptsächlich die Aufgabe, das Land zu vertreten, also z. B. bei Staatsbesuchen zu repräsentieren.

# Die Staaten der Erde (2)

INFO-BOX

**UN**

Die Abkürzung UN oder UNO steht für United Nations oder United Nations Organization. Es sind die Vereinten Nationen. Dies ist ein Zusammenschluss von derzeit 193 Staaten (2019). Sie wurde 1945 gegründet. Ihre wichtigsten Aufgaben sind: Sicherung des Weltfriedens, Einhaltung des Völkerrechts, Schutz der Menschenrechte, Förderung der internationalen Zusammenarbeit sowie die Unterstützung – auch einzelner Staaten – in wirtschaftlichen, sozialen und humanitären Fragen. Die UN hat ihren Sitz in New York.

INFO-BOX

**Bruttosozialprodukt**

Man nennt es auch Bruttonationaleinkommen.
Der Begriff drückt die Summe aller Güter und Dienstleistungen aus, die in einer Volkswirtschaft innerhalb eines Jahres hergestellt bzw. erbracht worden sind.

**Fragen zum Text:**

1. Nach Ausage der UN gibt es insgesamt wie viele Staaten auf der Erde?

___

2. Wonach lassen sich die Staaten der Erde unterscheiden und einteilen?

___

___

3. Was bedeutet Demokratie?

___

___

4. Was bedeutet Diktatur?

___

___

5. Was bedeutet Monarchie?

___

___

**Aufgabe:**

Beantworte nun die Fragen zum Text.

# Die Staaten der Erde (3)

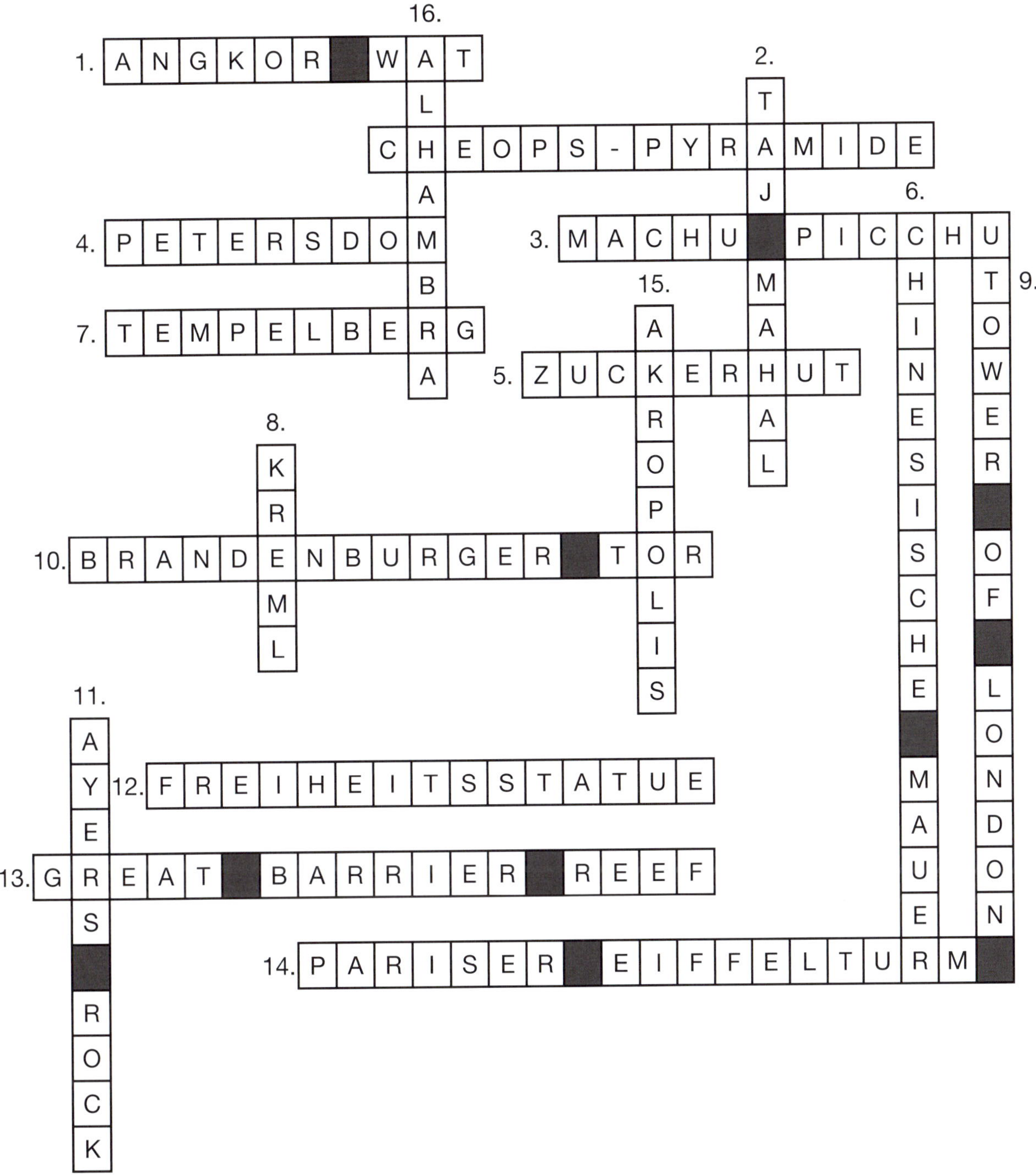


**Aufgaben:**

1. Im Rätsel sind viele weltweit anzutreffende Sehenswürdigkeiten eingetragen. Formuliere passende Fragen hierzu, z. B. Nr. 13 = Great Barrier Reef
   **Frage:** Wie heißt das größte Korallenriff der Welt?
2. Wähle eine Sehenswürdigkeit aus und fertige hierzu einen kleinen Reiseführer an.

# Die Staaten der Erde (4)

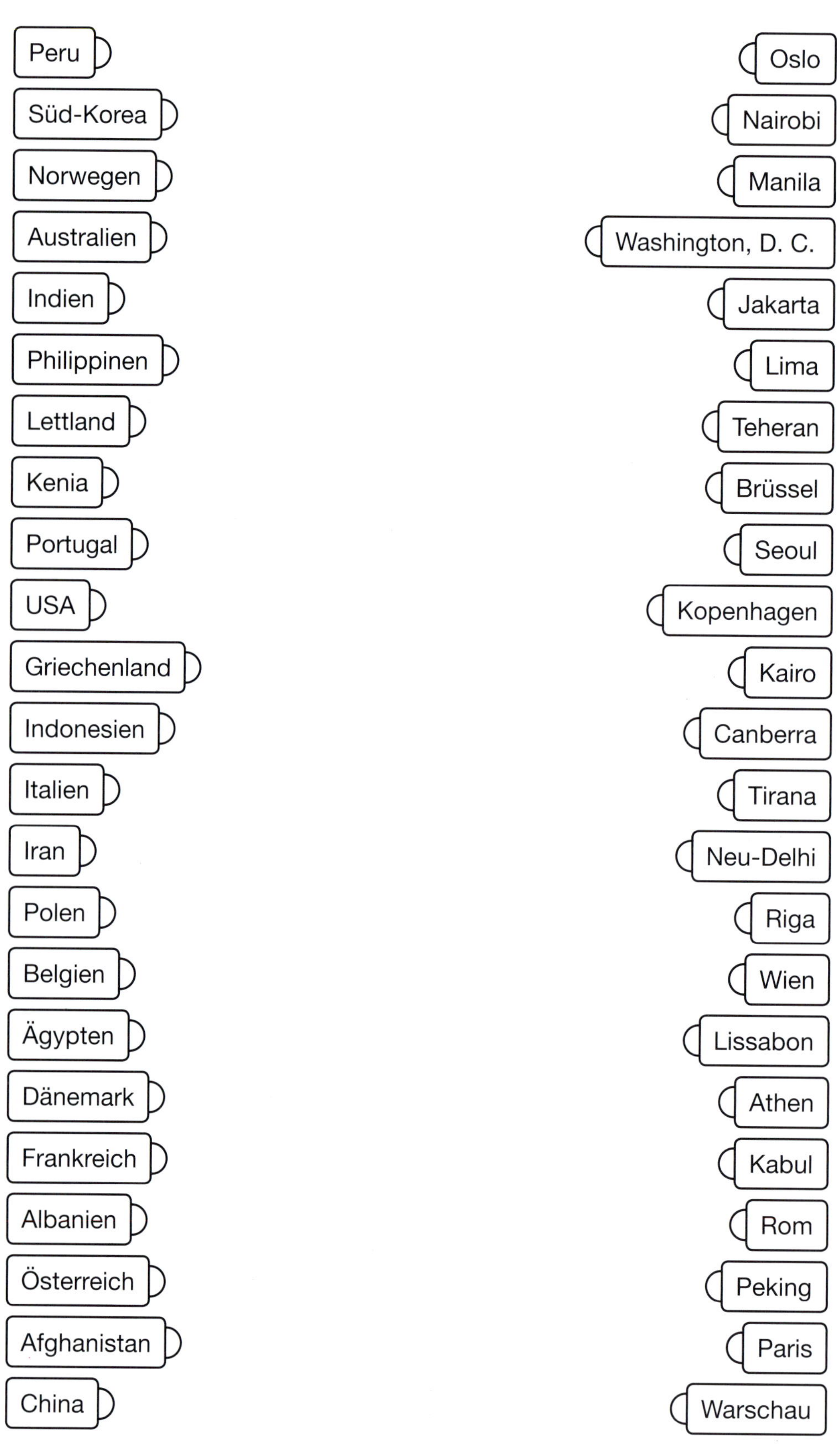


**Aufgabe:**

Ordne den Staaten die richtige Hauptstadt zu. Verbinde sie mit einer Linie.

# Die Staaten der Erde (5)

Man findet unterschiedliche Angaben dazu, wie viele Staaten es auf der Erde gibt. Das hängt damit zusammen, dass nicht eindeutig bestimmt ist, was man unter einem Staat versteht. Zur Zeit (2019) werden 195 Länder von den Vereinten Nationen als selbstständige Staaten angesehen.

| Name des Staates | Name des Erdteils | Hauptstadt |
|---|---|---|
| Indien | | |
| Neuseeland | | |
| Bolivien | | |
| Norwegen | | |
| Taiwan | | |
| Indonesien | | |
| Tschad | | |
| Ecuador | | |
| Rumänien | | |
| Mongolei | | |
| Namibia | | |
| Kambodscha | | |
| San Marino | | |
| Uruguay | | |
| Elfenbeinküste | | |
| Irak | | |
| Pakistan | | |
| Mali | | |
| Monaco | | |
| Nepal | | |

**Aufgabe:**

Hier findest du nun die Namen von 20 Staaten. Ordne sie dem richtigen Erdteil zu, in dem sich der jeweilige Staat befindet. Trage auch die jeweilige Hauptstadt ein.

# Die Staaten der Erde (6)

**Aufgaben:**

1. Auf dieser und der folgenden Seite findest du viele verschiedene Fotos aus den unterschiedlichsten Staaten der Erde. Du musst nun versuchen, diese Fotos dem richtigen Staat zuzuordnen. Die Namen der Staaten, zu denen ein Foto zugeordnet werden kann, findest du im Kasten unten. **Hinweis:** Manche Staaten können mehrmals genannt werden.
2. Wähle eine Sehenswürdigkeit aus und fertige hierzu einen kleinen Reiseführer.

**Zugspitze**

__________________

**Eiffelturm**

__________________

**Big Ben / Houses of Parliament**

__________________

**Brandenburger Tor**

__________________

**Skyline Shanghai**

__________________

**Freiheitsstatue**

__________________

**Macchu Picchu**

__________________

**Riesenrad Prater**

__________________

**Tulpenfeld mit Windmühle**

__________________

**Die Kleine Meerjungfrau**

__________________

**Tafelberg**

__________________

**Corcovado / Rio de Janeiro**

__________________

Dänemark • Vereinigtes Königreich • Mexiko • China • Österreich • Kambodecha • Israel • Australien • Indonesien • Deutschland • Peru • USA • Indien • Brasilien • Südafrika • Vereinigte Arabische Emirate • Russland • Ägypten • Frankreich • Vereinigtes Königreich • USA • Australien • China • Indien • Italien • Deutschland • Niederlande • Südafrika •

# Die Staaten der Erde (7)

Palmeninsel in Dubai

Tempel / Bali

Chinesische Mauer

Pyramide des Kukulcán / Chichén Itzá

Safdarjung-Mausoleum Neu-Delhi

Great Barrier Reef

Roter Platz

Tempelberg / Jerusalem

Pyramiden von Gizeh

Stonehenge

Kolosseum

Opernhaus in Sydney

Everglades-Nationalpark / Florida

Krüger-Nationalpark

Angkor Wat

Taj Mahal

# Die Staaten der Erde (8)

**Europa**

Den Erdteil Europa teilt man geografisch in Nord-, West-, Mittel-, Süd-, Südost- und Osteuropa ein. Europa ist kein selbstständiges, in sich geschlossenes Festland. Im Osten ist Europa direkt mit dem westlichen Teil Asiens verbunden. Die Grenze zwischen Europa und Asien bilden das Uralgebirge sowie der Fluss Ural, das Kaspische Meer, der Kaukasus und das Schwarze Meer.

| S | F | E | T | I | X | Z | O | Q | G | P | Z | W | A | R | S | C | H | A | U |
|---|---|---|---|---|---|---|---|---|---|---|---|---|---|---|---|---|---|---|---|
| H | R | S | P | A | N | I | E | N | R | I | I | Q | K | V | I | R | I | L | R |
| M | A | C | G | Z | L | B | G | R | I | H | H | L | E | T | T | L | A | N | D |
| Z | N | A | R | K | Ö | U | K | S | E | S | T | O | C | K | H | O | L | M | K |
| W | K | W | L | T | S | L | O | C | C | B | R | A | T | I | S | L | A | V | A |
| I | R | M | V | Y | T | G | P | H | H | W | S | L | O | W | A | K | A | I | D |
| E | E | A | L | P | E | A | E | W | E | O | M | C | S | K | L | A | A | W | Ä |
| N | I | D | S | O | R | R | N | E | N | Z | P | F | Z | I | D | S | V | R | N |
| I | C | R | O | L | R | I | H | D | L | R | C | T | R | H | W | Z | M | I | E |
| Z | H | I | F | E | E | E | A | E | L | U | P | P | A | R | I | S | F | G | M |
| C | U | D | I | N | I | N | G | N | N | D | E | Q | S | H | Z | Y | U | A | A |
| C | E | B | A | J | C | K | E | T | D | K | J | P | G | N | E | R | B | X | R |
| W | V | T | K | B | H | S | N | Y | X | A | T | H | E | N | Q | O | Q | P | K |

METHODEN-BOX

**Schriftliches Referat**

Ein Referat informiert über ein bestimmtes Thema. Es werden die wichtigsten Informationen dargelegt. Dabei ist es wichtig, die im Referat enthaltenen Informationen gewissenhaft zu recherchieren.

Das schriftliche Referat sollte sich an folgendem formalen Aufbau orientieren:

- Inhaltsverzeichnis / Gliederung
- Einleitung (Hinführung zum Thema, allgemeine Aussagen)
- Hauptteil (Darstellung des wichtigsten Inhalts / Auseinandersetzung mit den dargestellten Positionen)
- Schluss (Ziehen von Schlussfolgerungen; evtl. Formulierung einer eigenen Meinung)

**Wichtiger Hinweis:**

Die Nutzung von fremden Quellen ist genau anzugeben. Die wörtliche Übernahme von Textauszügen der Quellen ist korrekt zu zitieren (genaue Angabe der Fundstelle).

**Aufgaben:**

1. Beschreibe die geografische Lage Europas mit Hilfe der angrenzenden Länder und Meere.
2. Betrachte die Europakarte im Atlas und beschreibe eine Reise von Helsinki / Finnland im Norden bis nach Lissabon / Portugal im Südwesten Europas. Stelle bei deiner Beschreibung dar, durch welche Landschaften und Staaten deine Reise geht. Dabei solltest du auch wichtige Städte nennen, die du auf deiner Reise passierst.
3. Eine zweite Reise führt dich von Amsterdam / Niederlande im Westen nach Athen / Griechenland im Südosten des Erdteils. Beschreibe auch hier die Landschaften, Länder, großen Städte, die du auf deiner Reise kennenlernst.
4. Europa wird von mehreren großen Gebirgen durchzogen. Hierzu gehören die Alpen, die Pyrenäen oder auch der Apennin. Suche im Atlas (auf der physischen Europakarte) nach diesen Gebirgen. Beschreibe ihre Lage, nenne die höchsten Gipfel und bekannten Orte in den jeweiligen Gebirgen. Fasse deine Erkenntnisse in einem kurzen schriftlichen Referat zusammen (s. hierzu Methoden-Box „Schriftliches Referat“).
5. In dem Suchsel oben sind insgesamt 20 Namen von zehn europäischen Staaten und von den dazugehörenden zehn Hauptstädten versteckt. Kennzeichne sie.

# Asien

Asien ist mit 44,61 Quadratkilometern der flächenmäßig größte Erdteil. Seine Größe macht ein Drittel der gesamten Landmasse der Erde aus. Gemeinsam mit Europa bildet er das sogenannte Eurasien. Ebenfalls ist Asien der am stärksten besiedelte Erdteil. In den insgesamt 47 asiatischen Staaten leben rund vier Milliarden Menschen. Das ist mehr als die Hälfte der gesamten Erdbevölkerung.

| | |
|---|---|
| ______________________ | Name eines seit einem Krieg zwischen 1950 und 1953 geteilten Staates |
| ______________________ | Name des Staates, in dem Kühe als heilige Tiere angesehen und behandelt werden |
| ______________________ | Fortbewegungsmittel in vielen asiatischen Großstädten |
| ______________________ | Bezeichnung einer Wettererscheinung, bei der viel Regen fällt |
| ______________________ | Religion, die ursprünglich in Indien entstanden und heute u. a. sehr stark in China verbreitet ist |
| ______________________ | Hauptstadt der Vereinigten Arabischen Emirate |
| ______________________ | Name des Staates, auf den die ersten Atombomben geworfen wurden |
| ______________________ | durch ein Erdbeben im Indischen Ozean ausgelöste Katastrophe, bei der 2004 etwa 230 000 Menschen ihr Leben verloren |
| ______________________ | Hauptnahrungsmittel in vielen asiatischen Staaten |
| ______________________ | Name eines Stadtgebietes (man nennt es Sonderverwaltungszone), das unter chinesischer Herrschaft steht |

Monsun • Rikscha • Buddhismus • Reis • Hongkong • Korea • Japan • Indien • Tsunami • Abu Dhabi

**Aufgaben:**

1. Beschreibe die geografische Lage Asiens mit Hilfe der Längen- und Breitengrade.
2. Wähle einen asiatischen Staat aus und beschäftige dich intensiv mit ihm. Fertige anschließend einen kleinen Reiseführer von diesem Land an. Denke daran, dass du deinen Reiseführer möglichst anschaulich gestaltest. Das heißt, verwende viele Fotos und schreibe interessante und verständliche Texte.
3. In der oben stehenden Tabelle sind in der zweiten Spalte jeweils Erklärungen beschrieben, zu denen in der vorderen Spalte der entsprechende Begriff gesucht wird, z. B.: ________________ höchster Berg der Erde. Gesucht wird also der Name des höchsten Berges der Erde: Mount Everest. **Tipp:** Die Begriffe im Kasten helfen dir.

# Afrika

Afrika ist der zweitgrößte Kontinent der Erde. Hier leben viele Menschen in schlechten wirtschaftlichen Verhältnissen. Oft wurden die Völker Afrikas von europäischen Staaten als Kolonien unterdrückt.

1. südlichster Staat Afrikas
2. längster Fluss Afrikas
3. größte Wüste Afrikas
4. Insel im Osten des afrikanischen Kontinents
5. Hauptstadt des Senegal
6. großer See in Höhe des Äquators
7. typische afrikanische Landschaft
8. Tier: gehört zur Gattung afrikanischer Antilopen
9. Hafenstadt an der Südwestküste Südafrikas
10. höchster Berg Afrikas
11. afrikanisches Wüstenvolk
12. beliebte afrikanische Heilpflanze
13. große Beckenlandschaft im Süden Afrikas
14. große Raubkatze
15. bekanntes ostafrikanisches Volk
16. Hauptstadt Algeriens
17. Halbinsel im Osten Afrikas
18. Tier mit gestreiftem Fell
19. Gebirge südlich der großen Sandwüste in Nordafrika
20. großer Fluss in Zentralafrika

**Hinweis**
Ü → UE
Ö → OE

## Aufgaben:

1. Beschreibe die geografische Lage Afrikas.
2. Informiere dich, was unter Kolonisation verstanden wird. Fasse kurz zusammen, was du herausgefunden hast.
3. Wähle ein ehemals kolonialisiertes Land aus und fertige hierüber ein schriftliches Referat an.
4. Löse das oben stehende Kreuzworträtsel mit geografischen Namen Afrikas (Staaten, (Haupt-)Städten, Landschaften, Flüssen, Gebirgen, Tier- und Pflanzennamen ...).

# Nordamerika

Der Doppelerdteil Amerika gliedert sich in zwei unabhängige Erdteile: Nord- und Südamerika. In Nordamerika befinden sich u. a. die Staaten USA und Kanada. Beide Staaten gehören zu den reichen Industrieländern.

**Aufgaben:**

1. Beschreibe die geografische Lage Nordamerikas.
2. Arbeite mit dem Atlas und überlege dir eine Reiseroute quer durch die USA, bei der du folgende Zwischenziele ansteuerst:
   **New York • Boston • Chicago • Lake Sakakawea • Salt Lake City • Nevada • Las Vegas • San Francisco • Großer Salzsee • Dallas • Mississippi-Delta • Tampa Bay • Miami • Washington, D. C. • New York City**
3. Zeichne deine Route und deine Stationen in die Karte unten.
4. Beschreibe deine Reiseroute und die Stationen (Zwischenziele) möglichst anschaulich. Am Ende soll eine Art Reiseführer für USA-Reisende entstehen.

# Südamerika (1)

Der südliche Teil des Doppelkontinents Amerika, Südamerika, ist viel weniger industrialisiert als Nordamerika. Dabei verfügt Südamerika über zahlreiche Bodenschätze und Rohstoffe. Wenn dieser Reichtum an Bodenschätzen gerecht genutzt werden würde, hätten die Menschen dort ein gutes Auskommen.

METHODEN-BOX

**Reportage**

Mit „Reportage“ wird eine journalistische Textsorte bezeichnet. Ein Reporter z. B. schreibt eine Reportage zu einem bestimmten Thema. Dabei berichtet er nicht nur über ein Ereignis, sondern er kann das Thema auch aus seiner eigenen Sicht ergänzen. Häufig erzählt ein Reporter aus der Perspektive eines Betroffenen, eines Augenzeugen. Der Leser, Zuhörer, Zuschauer soll dadurch stärker das Geschehen mit- oder nacherleben können. Es ist auch möglich, Interviews und Kommentare in die Reportage einzubeziehen. Ebenfalls können Fotos (Fotoreportage) und andere Bilddarstellungen wichtige Elemente sein.

**Aufgaben:**

1. Beschreibe die geografische Lage Südamerikas.
2. Informiere dich, welche Bodenschätze in Südamerika zu finden sind und trage diese in die Südamerika-Karte (s. S. 41) ein.
3. Informiere dich über die Lebensbedingungen der Menschen in einem ausgewählten südamerikanischen Land. Stelle deine Erkenntnisse in einer Reportage anschaulich dar. (Zur Anfertigung einer Reportage informiere dich in der Methoden-Box „Reportage“.)

# Südamerika (2)

# Australien

Zum kleinsten Erdteil Australien gehören mehr als 8 000 Inseln. Der Kontinent am anderen Ende der Erde ist einer der trockensten Erdteile. Es gibt aber auch Gebiete, in denen viel Regen fällt.

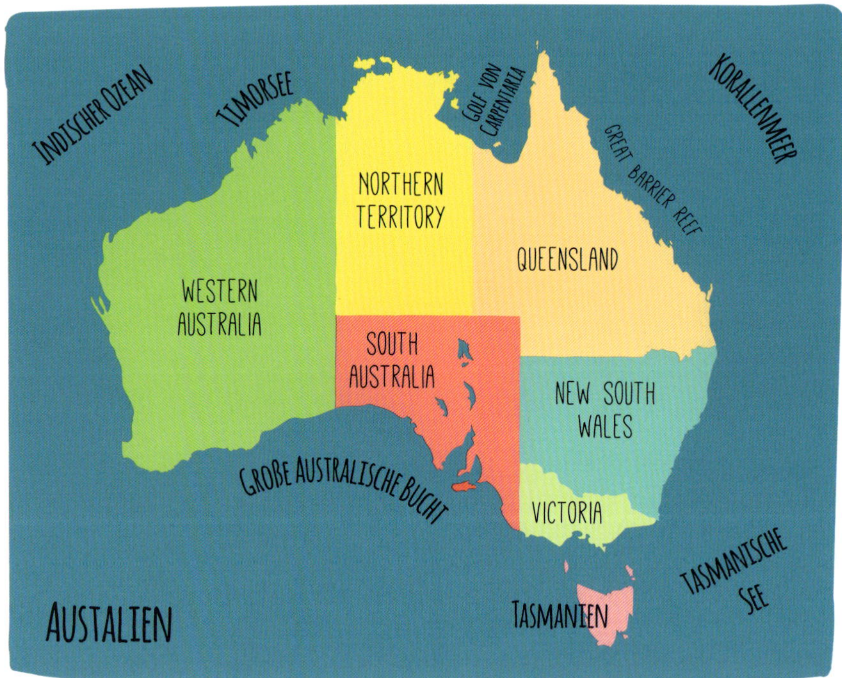


## METHODEN-BOX

**Schriftliches Referat**
Ein Referat informiert über ein bestimmtes Thema. Es werden die wichtigsten Informationen dargelegt. Dabei ist es wichtig, die im Referat enthaltenen Informationen gewissenhaft zu recherchieren.
Das schriftliche Referat sollte sich an folgendem formalen Aufbau orientieren:

- Inhaltsverzeichnis / Gliederung
- Einleitung (Hinführung zum Thema, allgemeine Aussagen)
- Hauptteil (Darstellung des wichtigsten Inhalts / Auseinandersetzung mit den dargestellten Positionen)
- Schluss (Ziehen von Schlussfolgerungen; evtl. Formulierung einer eigenen Meinung)

**Wichtiger Hinweis:**
Die Nutzung von fremden Quellen ist genau anzugeben. Die wörtliche Übernahme von Textauszügen der Quellen ist korrekt zu zitieren (genaue Angabe der Fundstelle).

## Aufgaben:

1. Beschreibe die geografische Lage Australiens.
2. Erstelle mit Hilfe des Atlasses und Angaben aus dem Internet Klimadiagramme für folgende Regionen Australiens: **Australisches Bergland (im Osten des Kontinents) – Große Sandwüste (im Nordwesten) – Darwin (Stadt im Norden) – Perth (Stadt im Südwesten)**
3. In Australien leben Tiere, die es sonst nirgendwo auf der Erde gibt. Hierzu gehören das Känguru und der Koala. Informiere dich über diese beiden Tierarten und fertige ein schriftliches Referat (s. Methoden-Box „Schriftliches Referat"). Achte bei deinem Referat auf besondere Anschaulichkeit, indem du viele Fotos verwendest und deine Beschreibungen mit eigenen Worten leserfreundlich formulierst.

# Weltbevölkerung

Damit ist die gesamte Zahl der Menschen gemeint, die zu einem bestimmten Zeitpunkt auf der Erde leben. Zur Zeit (2019) leben etwa 7,7 Milliarden Menschen auf der Erde. Jedes Jahr kommen fast 80 Millionen Menschen hinzu. Das heißt, die Weltbevölkerung wächst jedes Jahr ungefähr um die Einwohnerzahl Deutschlands. Denn in der Bundesrepublik leben etwa 82 Millionen Menschen. Jeden Tag werden weltweit ca. 220 000 Menschen geboren.

Die Vereinten Nationen (s. hierzu die Info-Box „Vereinte Nationen") schätzen, dass die Bevölkerungszahl bis zum Jahre 2050 auf etwa 9,7 Milliarden Menschen steigen wird. Bis 2100 werden 11,2 Milliarden erwartet. Dabei ist die Weltbevölkerung nicht immer so stark und so schnell gestiegen. Forscher haben herausgefunden, dass nach dem Ausbruch eines Supervulkans auf der Erde weltweit nur etwa 1 000 bis 10 000 Menschen überlebt hatten. Als die letzte Kaltzeit vor ungefähr 10 000 Jahren zu Ende ging, lebten rund 5 bis 10 Millionen Menschen auf der Erde.

Früher gab es noch keine Volkszählungen, bei denen die Zahl der Menschen, die in einem bestimmten Gebiet lebten, genau erfasst wurden. So müssen Forscher heute schätzen, wie viele Menschen wann und wo gelebt haben. Die UNO schätzt, dass es vor 2 000 Jahren 300 Millionen Menschen gab. Davon lebten rund 57 Millionen im Römischen Reich und 75 Millionen in China. Dann gab es einen ziemlichen Stillstand in der Bevölkerungsentwicklung. Vor rund 1 000 Jahren, also um das Jahr 1 000 herum, lebten „nur" rund 310 Millionen auf der Erde. Erst danach, im Hochmittelalter, gab es einen ziemlichen Sprung. Allerdings sank die Zahl durch Seuchen, wie die Pest oder Pocken, im Spätmittelalter wieder. So gab es vor rund 500 Jahren etwas 500 Millionen Menschen. Im 18. Jahrhundert schließlich entwickelte sich die Bevölkerungszahl weltweit deutlich nach oben. Um ungefähr 0,5 % wuchs weltweit die Bevölkerung jährlich. Um 1800 überschritt die Bevölkerungszahl erstmals die Milliardengrenze. Mitte des 20. Jahrhunderts spricht man sogar von einer Bevölkerungsexplosion. In einigen Jahrzehnten dieses Jahrhunderts stieg die Zahl um über 2 % jährlich. 1927 lebten 2 Milliarden, 1960 schon 3, 1974 bereits 4 und 1987 schließlich 5 Milliarden Menschen. Schon zwölf Jahre später, nämlich 1999, wurden 6 Milliarden Menschen gezählt. Nach weiteren zwölf Jahren (2011) stieg die Zahl auf der Erde auf 7 Milliarden.

INFO-BOX

**Vereinte Nationen**

Die Vereinten Nationen (United Nations), auch kurz UNO oder UN genannt, sind ein Zusammenschluss von derzeit (2019) 193 Staaten. Gegründet wurde die Organisation im Jahre 1945, kurz nach Beendigung des 2. Weltkriegs. Zu den wichtigsten Aufgaben der Vereinten Nationen gehören die Sicherung des Weltfriedens, die Einhaltung des Völkerrechts, der Schutz der Menschenrechte und die Förderung der internationalen Zusammenarbeit. So greift die UN bei Streitigkeiten zwischen zwei oder mehreren Staaten ein, vermittelt, schickt manchmal sogenannte Blauhelme (das sind die Friedenstruppen der UN) in ein Krisen- bzw. Kriegsgebiet.

**Aufgaben:**

1. Fertige eine Tabelle an, aus der die Entwicklung der Weltbevölkerung zu ersehen ist.
2. Überlegt in kleinen Gruppen, welche Probleme der starke Anstieg der Weltbevölkerung mit sich bringen kann.
3. Gibt es auch Vorteile des Bevölkerungsanstiegs? Nennt sie und begründet eure Einschätzung.
4. Beschäftigt euch intensiver mit den Vereinten Nationen. Diskutiert ihre Bedeutung und überlegt, in welchen Situationen sie eingreifen sollte.

# Bodenschätze

Bodenschätze sind alle festen, gasförmigen oder flüssigen mineralischen Rohstoffe. Sie kommen in natürlichen Ablagerungen oder Lagerstätten in oder auf der Erde sowie auf dem Meeresgrund vor. Wasser gehört nicht zu diesen Stoffen. Häufig werden die Bodenschätze auch als Rohstoffe bezeichnet. Aus den Rohstoffen werden fertige Produkte hergestellt.

Bodenschätze kommen auf der Erde in den unterschiedlichsten Regionen vor. In manchen Gebieten sind nur wenige Bodenschätze zu finden, in anderen umso mehr. Dabei sind die Bodenschätze häufig verantwortlich für den Reichtum einer Region oder eines Staates.

Die größten Ölvorkommen gibt es in Venezuela. Trotzdem geht es den Menschen in diesem Staat zur Zeit (2019) wirtschaftlich sehr schlecht. Auch gehört Venezuela zu den Staaten mit den weltweit größten Erdgasvorkommen. In den sogenannten Golf-Staaten, das sind die Staaten, die am Persischen Golf liegen, gibt es große Erdölvorkommen.

Weltweit hat Russland die meisten Bodenschätze. Allein schon durch die Größe dieses Landes (Russland ist flächenmäßig das größte Land der Erde) ist die Chance groß, hier Bodenschätze zu finden. Neben Erdöl, Erdgas und Steinkohle besitzt Russland riesige Mengen Braunkohle und Eisenerz (jeweils mit den zweitgrößten Reserven weltweit) sowie die wichtigen sogenannten **Seltenen Erden.** Eigentlich müssten diese Seltenen Erden **Metalle der Seltenen Erden** genannt werden. Ihre größten Vorkommen befinden sich in China. Metalle der Seltenen Erden werden in vielen modernen Technologien verwendet, u. a. in Fernsehbildschirmen, LEDs, Festplatten, Elektromotoren, Leuchtstofflampen, medizinisch-technischen Geräten.

**Aufgaben:**

1. Nenne Bodenschätze, die dir bekannt sind.
2. Welche Bodenschätze kommen auch in Deutschland vor?
   Nenne mindestens fünf verschiedene Bodenschätze.
3. Beschäftige dich im Atlas mit Karten (z. B. Deutschland, Europa, Welt), aus denen hervorgeht, wo welche Bodenschätze zu finden sind. Übertrage dein Wissen in eine Tabelle:

| Vorkommen Bodenschatz | Staat |
|---|---|
| | |

4. Entscheidet euch in je einer kleinen Arbeitsgruppe (ca. 2 – 4 Personen) für die Beschäftigung mit einer der Bodenschätze. Informiert euch umfassend und fertigt anschließend eine anschauliche Präsentation eurer Arbeitsergebnisse an (z. B. Wandzeitung, Beamerpräsentation).

# Verkehr

In den letzten Jahren ist das Thema Verkehr immer intensiver diskutiert worden. Dabei spielten immer auch Umweltfragen (Luftverschmutzung, Lärmbelästigung ...) eine Rolle. Aber auch Fragen, wie man den Verkehr sinnvoll lenken kann, wie Staus vermieden werden oder wie Menschen ihren Arbeitsplatz möglichst schnell erreichen können oder wie man die Sicherheit im Straßenverkehr verbessern kann, sind wichtig.

**Aufgaben:**

1. Welche Hauptverkehrsmittel werden unterschieden?
2. Nenne Hauptverkehrsmittel und Hauptverkehrswege in Deutschland für die vorwiegend private und für die wirtschaftliche Nutzung.

# Projekt: Verkehr in unserer Heimatstadt

Beschäftigt euch nun in einer Projektarbeit intensiv mit dem Thema Verkehr in eurer Heimatstadt. Ermittelt erst einmal, welche Verkehrsmittel und Verkehrswege es in eurer Stadt gibt. Man nennt dies auch Verkehrsinfrastruktur:

- Wie ist eure Stadt mit Straßen erschlossen?
- Gibt es Straßen, durch die der Fernverkehr gelenkt wird?
- Ist eure Stadt an eine Autobahn angeschlossen?
- Gibt es verkehrsberuhigte Zonen?
- Wie sieht die Ausstattung eurer Heimatstadt mit öffentlichen Verkehrsmitteln aus?
- Gibt es einen regelmäßigen Busverkehr?
- Ist eure Stadt an das Schienennetz der Deutschen Bahn (oder eines anderen Betreibers) angeschlossen?
- Liegt eure Stadt an einer Wasserstraße (Fluss, Kanal …) oder einem See, am Meer?
- Gibt es in eurer Stadt (oder in unmittelbarer Nähe) einen Flugplatz (z. B. für Sportflugzeuge, Segelflugzeuge …), einen Flughafen (für Düsenjets, Handelsflugzeuge etc.)?

Nun wäre es natürlich ganz interessant zu erfahren, wie die einzelnen Verkehrswege (Straßen, Schienen …), mit welchen Verkehrsmitteln (Auto, Bus, Zug …), von welchen Verkehrsteilnehmern (Berufstätige, Pendler, Rentner, Kinder und Jugendliche …) und zu welchem Zweck (beruflich, privat …) genutzt werden. Hierzu könnt ihr euch bei den zuständigen Behörden (Stadtverwaltung, Kreisverwaltung …) erkundigen.

Interessant ist es natürlich auch, selbst herauszubekommen, wie stark z. B. eine Straße in der Nähe einer Schule (eurer Schule, der Grundschule in eurer Nähe), die Straße, die zum Freibad führt, die Umgehungsstraße … genutzt wird. Dazu könnte man eine Verkehrserhebung durchführen, bei der man zu unterschiedlichen Zeiten in einer bestimmten Zeitspanne die Anzahl der Verkehrsteilnehmer zählt. Anschließend müssten diese Ergebnisse ausgewertet werden, indem man überlegt, welche Schlüsse aus diesen Erkenntnissen gezogen werden sollten.

Am Ende der Projektarbeit werden die Arbeitsergebnisse jeder Gruppe präsentiert.

# Lösungen

### zu S. 14: „Die Erde (4)“

| | | |
|---|---|---|
| 0–35 km | = | Erdkruste |
| 35–410 km | = | oberer Erdmantel |
| 410–660 km | = | Übergangzone |
| 660–2 900 km | = | unterer Erdmantel |
| 2 900–5 100 km | = | äußerer Erdkern |
| 5 100–6 371 km | = | innerer Erdkern |

### zu S. 17: „Das Sonnensystem“

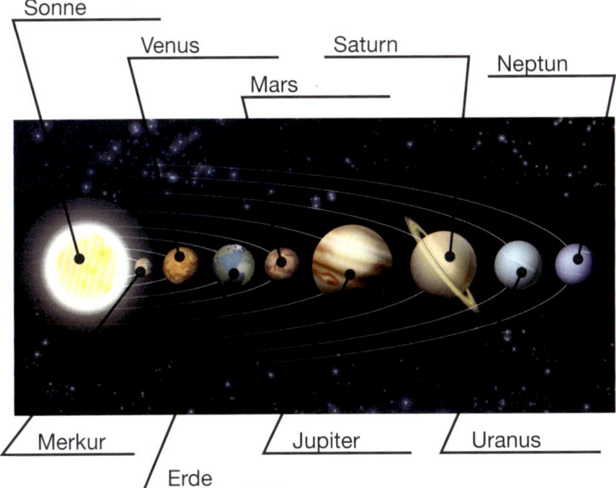


- Sonne, 8 Planeten (+ Monde), Zwergplaneten, Kleinkörper
- Merkur, Venus, Erde, Mars, Jupiter, Saturn, Uranus, Neptun
- 149,6 Mio. km
- 365 Tage
- ca. 110 000 km / h
- ca. 28 Tage
- Julius Cäsar
- am 29. Februar
- Julius Cäsar
- 1582
- am 1. Sonntag nach dem 1. Vollmond nach Frühlingsanfang

### zu S. 19: „Die Kontinente (2)“

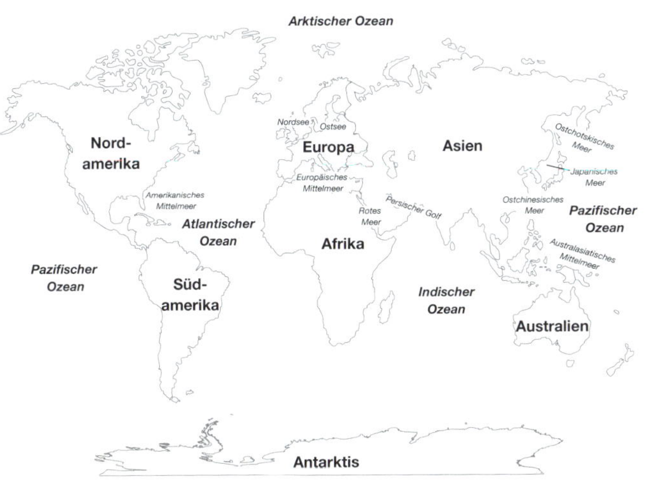


### zu S. 23: „Großlandschaften der Erde (3)“

### zu S. 31: „Die Staaten der Erde (3)“

**Mögliche Fragen:**

1. Wie heißt eine der bekanntesten Sehenswürdigkeiten in Kambodscha?
2. Welches Weltwunder der Neuzeit ist in Indien zu finden?
3. Wie heißt die bekannte Ruinenstadt in Peru?
4. Welche wichtige Kirche findet man in Vatikanstadt?
5. Was ist eines der Wahrzeichen von Rio de Janeiro?
6. Was ist das bekannteste Wahrzeichen Chinas?
7. Wie heißt ein Hügel in Jerusalem, der ein heiliger Ort für Juden, Christen und Muslime ist?
8. Was ist der älteste Teil Moskaus?
9. Wo kann man sich die britischen Kronjuwelen anschauen?
10. Was ist das Wahrzeichen von Berlin?
11. Wie wird der australische Berg Uluru auch genannt?
12. Welche berühmte Statue steht in New York?
13. Wie heißt das größte Korallenriff der Welt?
14. Was ist das höchste Bauwerk in Paris?
15. Welches Weltkulturerbe liegt auf einem Berg mitten in Athen?
16. Welche maurische Festungsanlage befindet sich in Granada?

### zu S. 32: „Die Staaten der Erde (4)“

| | | |
|---|---|---|
| Peru | – | Lima |
| Süd-Korea | – | Seoul |
| Norwegen | – | Oslo |
| Australien | – | Canberra |
| Indien | – | Neu-Delhi |
| Philippinen | – | Manila |
| Lettland | – | Riga |
| Kenia | – | Nairobi |
| Portugal | – | Lissabon |
| USA | – | Washington D. C. |
| Griechenland | – | Athen |
| Indonesien | – | Jakarta |
| Italien | – | Rom |
| Iran | – | Teheran |
| Polen | – | Warschau |
| Belgien | – | Brüssel |
| Ägypten | – | Kairo |
| Dänemark | – | Kopenhagen |
| Frankreich | – | Paris |
| Albanien | – | Tirana |
| Österreich | – | Wien |
| Afghanistan | – | Kabul |
| China | – | Peking |

## zu S. 34/35: „Die Staaten der Erde (6/7)“

Zugspitze – Deutschland
Eiffelturm – Frankreich
Big Ben/Houses of Parliament – Vereinigtes Königreich
Brandenburger Tor – Deutschland
Skyline Shanghai – China
Freiheitsstatue – USA
Macchu Picchu – Peru
Riesenrad Prater – Österreich
Tulpenfeld mit Windmühle – Niederlande
Die Kleine Meerjungfrau – Dänemark
Tafelberg – Südafrika
Corcovado/Rio de Janeiro – Brasilien
Palmeninsel in Dubai – Vereinigte Arabische Emirate
Tempel/Bali – Indonesien
Chinesische Mauer – China
Pyramide des Kukulcán/Chichén Itzá – Mexiko
Safdarjung-Mausoleum Neu-Delhi – Indien
Great Barrier Reef – Australien
Roter Platz – Russland
Tempelberg/Jerusalem – Israel
Pyramiden von Gizeh – Ägypten
Stonehenge – Vereinigtes Königreich
Kolosseum – Italien
Opernhaus in Sydney – Australien
Everglades-Nationalpark/Florida – USA
Krüger-Nationalpark – Südafrika
Angkor Wat – Kambodscha
Taj Mahal – Indien

## zu S. 36: „Die Staaten der Erde (8)“

| | | | | | | | | | | | | | | | | | | | |
|---|---|---|---|---|---|---|---|---|---|---|---|---|---|---|---|---|---|---|---|
| | F | | | | | | | | G | | | W | A | R | S | C | H | A | U |
| | R | S | P | A | N | I | E | N | R | | | | | | | | | | |
| | A | | | | | B | | | I | | | L | E | T | T | L | A | N | D |
| | N | | | | Ö | U | K | S | E | S | T | O | C | K | H | O | L | M | |
| W | K | | | | S | L | O | C | C | B | R | A | T | I | S | L | A | V | A |
| I | R | M | | | T | G | P | H | H | | S | L | O | W | A | K | A | I | D |
| E | E | A | | P | E | A | E | W | E | | | | | | | | | | Ä |
| N | I | D | S | O | R | R | N | E | N | | | | | | | | | R | N |
| | C | R | O | L | R | I | H | D | L | | | | | | | | | I | E |
| | H | I | F | E | E | E | A | E | L | | | P | A | R | I | S | | G | M |
| | | D | I | N | I | | G | N | N | | | | | | | | | A | A |
| | | | A | | C | | E | | D | | | | | | | | | | R |
| | | | | | H | | N | | | A | T | H | E | N | | | | | K |

## zu S. 37: „Asien“

Korea • Indien • Rikscha • Monsun • Buddhismus • Abu Dhabi • Japan • Tsunami • Reis • Hongkong

## zu S. 38: „Afrika“

## zu S. 41: „Südamerika (2)“